本书是江苏省高教教改课题（2019JSJG131）、中国博士后科学基金第66批面上资助项目（2019M661762）、教育部协同育人项目（201901020037）、江苏教育科学规划"十三五"学生资助专项（X–a/2020/02）的成果。

U0654588

知行明德
新时代高校辅导员的
发展之道

李宏刚　李洪波 / 著

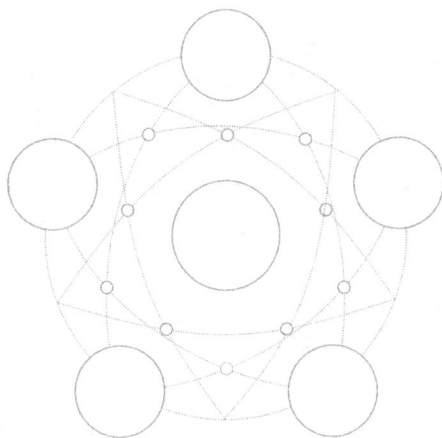

江苏大学出版社
JIANGSU UNIVERSITY PRESS

镇　江

图书在版编目(CIP)数据

知行明德：新时代高校辅导员的发展之道 / 李宏刚，李洪波著. — 镇江：江苏大学出版社，2020.10
ISBN 978-7-5684-1303-9

Ⅰ. ①知… Ⅱ. ①李… ②李… Ⅲ. ①高等学校－辅导员－师资队伍建设－研究－中国 Ⅳ. ①G645.1

中国版本图书馆 CIP 数据核字(2019)第 291106 号

知行明德:新时代高校辅导员的发展之道
Zhi Xing Ming De:Xin Shidai Gaoxiao Fudaoyuan de Fazhan zhi Dao

著　　者/李宏刚　李洪波
责任编辑/董国军
出版发行/江苏大学出版社
地　　址/江苏省镇江市梦溪园巷 30 号(邮编：212003)
电　　话/0511-84446464(传真)
网　　址/http://press.ujs.edu.cn
排　　版/镇江市江东印刷有限责任公司
印　　刷/江苏凤凰数码印务有限公司
开　　本/718 mm×1 000 mm　1/16
印　　张/12.25
字　　数/180 千字
版　　次/2020 年 10 月第 1 版　2020 年 10 月第 1 次印刷
书　　号/ISBN 978-7-5684-1303-9
定　　价/58.00 元

如有印装质量问题请与本社营销部联系(电话:0511-84440882)

序

　　高校辅导员是开展大学生思想政治教育的骨干力量，是高校学生日常思想政治教育和管理工作的组织者、实施者、指导者，应当努力成为学生成长成才的人生导师和健康生活的知心朋友。 高校辅导员要认真贯彻落实全国高校思想政治工作会议、全国教育大会以及习近平总书记思政工作系列重要讲话精神，立足新起点，谋划新发展。 李宏刚、李洪波同志撰写的《知行明德：新时代高校辅导员的发展之道》一书，深入阐述了新时代高校辅导员立德树人的发展之魂、素质能力提升的发展之基、专业化的发展之核、职业化的发展之向、科学考评的发展之效，从理论与实践有机融合的逻辑层面提出了"辅导员为什么要发展、辅导员如何科学发展、辅导员为谁发展"这个重要课题，是一部有理论高度、有实践效度、有视野宽度的力作。 李宏刚同志长期从事高校思想政治工作，有扎实的基层辅导员工作经验，李洪波同志长期从事高校思想政治教育及管理领导工作，有丰富的理论学识。 该书的出版为广大辅导员提供了科学发展的中微观经验，特别是其中的辅导员工作创新实践更是对基层辅导员工作有良好的借鉴价值。 高校辅导员做好大学生思想政治教育工作不仅应具备相应的专业知识和专业技能，而且要有"为党育人、为国育才"的浓厚情怀。 新时代，广大辅导员要更有作为、更有担当，培养出更多具有社会责任感、创新精神和实践能力的德智体美劳全面发展的时代英才。 在此，我结合新要求，向广大辅导员提三点建议。

　　一是深化理论武装。 就是要切实用习近平总书记系列重要讲话、全国高校思想政治工作会议及全国教育大会精神武装头脑、指导实践、推动工作。 总书记强调"高校思想政治工作关系高校培养什么样的人、如何培养人以及为谁培养人这个根本问题"。总书记的重要指示为我们的人才培养工作提供了根本指南和基本遵循。辅导员是高校中离学生最近的人，是宣传阐释党的理论最直接的人，希望大家学准、学深、学透，准确把握总书记系列重要讲话的精神实质，宣传阐释其丰富内涵，引导广大学生做社会主义核心价值观的坚定信仰者、积极传播者、模范践行者。

二是提高工作质量。就是要切实提高大学生思想政治教育工作的质量。要以新的发展理念为引领，启动实施"大学生思想政治教育质量提升工程"，突出思想引领、强化项目支撑、健全制度体系、完善测评标准、落实工作保障，从课程育人、文化育人、实践育人、管理育人、服务育人等方面入手，协同构建"全员、全方位、全过程"的"大思政"育人格局。广大高校辅导员是实施思政质量工程的重要力量，希望大家紧紧围绕落实立德树人根本任务，不断丰富内容载体，不断创新方式方法，不断提升针对性和实效性，为推动大学生思想政治教育质量提升做出实实在在的贡献。

三是提升职业能力。就是要大力提升自身专业水平和职业素养。辅导员队伍职业能力的增强是提升思想政治教育工作质量的关键节点，需要我们深入研究，不断探索，扎实推进。近年来，教育部通过指导举办辅导员职业能力大赛，开展辅导员工作精品项目申报、辅导员思政专项课题评审等，推动了辅导员队伍的专业化职业化发展。希望广大辅导员抓住契机，提升自身的理论素养，进一步加强大学生的思想引导、行为督导、学习辅导等职业能力的修炼，真正成为学生思想问题的解惑者、专业学习的指导者、人生发展的导航者和生活心理的关怀者。

立德树人的事业没有终点，最美的风景在路上。殷切希望广大辅导员在专业化职业化的发展之道上迈出新的步伐、走上新的台阶、实现新的跨越。

大连海事大学 曲建武

2020 年 9 月 10 日

前言

　　大学生是十分宝贵的人才资源，是民族的希望和祖国的未来。 高校思想政治工作关系"培养什么样的人、如何培养人以及为谁培养人"这个根本问题。 加强和改进新形势下高校思想政治工作，对于加快推进教育现代化、建设教育强国、办好人民满意的教育，努力培养担当民族复兴大任的时代新人，培养德智体美劳全面发展的社会主义建设者和接班人，具有十分重要的意义。

　　"大学之道，在明明德。" 习近平总书记在全国高校思想政治工作会议上指出，要坚持把立德树人作为中心环节，把思想政治工作贯穿教育教学全过程，实现全程育人、全方位育人，努力开创我国高等教育事业发展新局面。 这就要求我们高校辅导员必须紧紧围绕立德树人这个根本任务，不断创新思想政治工作方法，以培养担当民族复兴大任的时代新人为目标，以建立思想政治工作一体化体系为根本，形成可转化、可推广的育人制度和模式，把立德树人的成效作为检验自身职业化、专业化发展的根本标准。

　　高校辅导员作为高等学校教师队伍和管理队伍的重要组成部分，具有教师和干部的双重身份，是开展大学生思想政治教育的骨干力量，是高等学校学生日常思想政治教育和管理工作的组织者、实施者、指导者，在学生成长成才的过程中发挥着十分重要的引领作用。 实践证明，辅导员在高校思想政治教育和人才培养工作中起着特殊的重要作用。 辅导员工作在大学生思想政治教育第一线，履行着教育与管理的双重职责，他们与大学生朝夕相处，最能及时掌握第一手信息，最能把握学生的情绪、情感诉求，其一言一行对大学生产生着潜移默化的影响，是大学生健康成长和发展成才的指导者和引路人，也是维护校园和谐、安全和稳定，促进高等教育持续健康发展的重要力量。 大学生思想政治教育是做人的工作，是以人影响人的工作，对辅导员的要求很高。 辅导员要具备过硬的思想政治素质和较高的能力水平，拥有中国情怀、世界眼光，立足于中国发展实际和时代特征，善于应对各种复杂局面，及时解决各种棘手难题。 一支信念坚定、乐于奉献、理论水平高、实践能力强的高素质辅导员队伍是支撑高校稳步发展的坚实基础，更是学生健康成长和发展成才的有力保障。 高校要实现立德树人根本任务，就必须重视发挥辅导员的作用，不断提升辅导员的综合素质和育人能力。

高校辅导员不仅是一份光荣的职业，也是一项崇高的事业，更是一份重大的责任。 党和政府对高校辅导员队伍建设工作高度重视，对广大辅导员提出了明确要求并寄予了殷切的期望。 衷心希望广大辅导员不辱使命、不负众望，在实际工作中坚持育人为本、德育为先，科学地把握新情况、新问题、新要求，在工作中不断钻研和学习，切实提高自身综合素质和能力，真正成为学生成长成才的人生导师和健康成长的知心朋友，为培养中国特色社会主义事业的建设者和接班人，实现中华民族伟大复兴的中国梦做出自己应有的贡献。

目录

第一章

立德树人：
新时代高校辅导员的发展之魂

　　本章的主题是"立德树人，扎实做好新时代高校辅导员工作"。基于理论和实践的角度，本章分为三大部分，第一部分谈新时代高校辅导员工作的初心使命，第二部分谈新时代高校辅导员工作的问题、挑战和对策，第三部分探讨新时代高校辅导员工作的创新模式。目的是让辅导员学习领悟习近平总书记重要讲话精神，明确高校辅导员的使命，帮助辅导员适应新时代工作状态，切实履行自身职责，为新时代高校立德树人工作贡献青春力量。

第一节　新时代高校辅导员工作的初心使命

教育的初心和使命就是永远坚守为党育人、为国育才的立场，以立德树人为根本任务，培养德智体美劳全面发展的社会主义建设者和接班人。作为一名高校辅导员，要时刻以习近平新时代中国特色社会主义思想武装自己，认真学习、着力掌握教书育人的基本规律、大学生思想政治教育的规律、学生成长发展的基本规律，以勤奋善学的态度和敬业奉献的职业精神，提升为大学生服务的能力，正确引领学生的思想，助力学生成长成才。

一、学习领悟习近平总书记系列重要讲话精神

"理论是行动的先导和指南。"① 没有科学的理论，就没有正确的行动，高校辅导员应当重视理论知识的积累和提高。做好新时代高校思政工作，离不开习近平新时代中国特色社会主义思想的指引。高校辅导员都是高校思政工作领域中的骨干，辅导员从事工作也要始终以思想政治理论武装头脑、指导实践，这就要求广大辅导员自觉学习习近平新时代中国特色社会主义思想，认真领悟习近平总书记重要讲话精神，并努力将之运用于学生工作的具体实践之中，真正做到学思践悟、知行合一。具体而言，习近平总书记关于新时代高校思政工作的重要论述集中体现在四个会议中，即全国高校思想政治工作会议、2018年北京大学师生座谈会、全国教育大会、学校思想政治理论课教师座谈会。下面就这四个会议的精神主旨进行回顾和梳理，从宏观层面学习理解新时代高校思政工作的内涵。

---

① 孟宪忠，翟怀明，编. 领导艺术与实践［M］. 沈阳：辽宁教育出版社，1995：356.

（一）全国高校思想政治工作会议精神（2016年12月7－8日）

1. 正确研判"四个挑战"

怎么去研判形势，习近平总书记讲了"四个挑战"，分别是马克思主义指导思想面临多样化社会思潮的挑战，社会主义核心价值观面临市场逐利性的挑战，传统的教育引导方式面临网络新媒体的挑战，培养社会主义建设者和接班人面临着敌对势力渗透争夺的挑战①。这"四个挑战"，实际上是习总书记对当前形势的深入分析与精准预判。当前高校思想政治工作形势就面临着这"四个挑战"。马克思主义指导思想面临的挑战即一元化的指导思想和多样化的社会思潮之间的激烈竞争，这是一种挑战。核心价值观的要求和市场逐利性之间的矛盾冲突，也是一种挑战。第三个挑战来自于网络，传统的教育引导方式面临着网络新媒体的挑战。第四个就是我们在培养社会主义建设者和接班人时面临的最大挑战，即西方敌对势力通过侵蚀渗透，与我们争夺广大青少年，争夺下一代。

2. 深刻理解"四个服务"

"四个服务"即为人民服务，为中国共产党治国理政服务，为巩固和发展中国特色社会主义制度服务，为改革开放和社会主义现代化建设服务。关于党的教育方针，以前讲的是为人民服务，为社会主义服务。习总书记在此基础上继续深化，进一步指出为中国共产党治国理政服务，为巩固和发展中国特色社会主义制度服务，最终形成"四个服务"，意义十分重大。"四个服务"的提出极大地拓宽了高校的服务面向。"四个服务"和习总书记讲的教育是国之大计、党之大计，实际上是一体两面的事情：教育之所以是国之大计、党之大计，正是因为教育要为中国共产党治国理政服务，为巩固和发展中国特色社会主义制度服务。教育就是要为中国共产党治国理政服务。高校思政工作者就是要旗帜鲜明地强调教育是为中国共产党治国理政服务，引导

---

① 关于加强和改进新形势下高校思想政治工作的意见［Z］．中发〔2016〕31号．

学生热爱和拥护中国共产党的领导，成为合格的社会主义建设者和接班人。习总书记讲的这"四个服务"，是对我们党教育发展理念的重要拓展，也是我们教育培养学生的重要遵循。

3. 全面领悟"四个坚持不懈"

"四个坚持不懈"是指要坚持不懈传播马克思主义科学理论，坚持不懈培育和弘扬社会主义核心价值观，坚持不懈促进高校和谐稳定，坚持不懈培育优良校风和学风。习总书记还强调，一所大学如果把办学方向搞错了，那就像一棵歪脖树，怎么长也长不好。只有按照这"四个坚持不懈"的要求，才能确保高校正确的办学方向，才能不断培养出中国特色社会主义的合格建设者和接班人。习总书记在一系列重要讲话中，始终关注一个根本问题，即"培养什么人、怎么培养人以及为谁培养人"的问题，这也是高校应该始终关注的问题。

4. 精准把握"四个正确认识"

树立"四个正确认识"，就是要引导学生正确认识世界和中国发展大势，正确认识中国特色和国际比较，正确认识时代责任和历史使命，正确认识远大抱负和脚踏实地。这实际上是针对学生工作讲的，与辅导员的工作职责直接相关，高校辅导员应铭记于心。"四个正确认识"，实际上为高校辅导员做学生思想政治教育工作指明了方向。只有树立这"四个正确认识"，能够正确认识这四个问题，才能真正地做到四个自信。因此，高校辅导员要把"四个正确认识"作为大学生思想政治工作的切入点，遵循思想政治工作规律、教书育人规律和学生成长规律，满足党和国家对大学生成才的意识形态需求和学生成长发展需求与期待，切实提升思想政治教育亲和力和针对性。大学生在社会主义市场经济和经济全球化的大潮中，多有自己的成才理想和职业理想，但这一大潮也带来了思维方式和价值观的多元化。如何在多元的思维方式和价值观的冲突中，既不至于陷入迷茫状态而丧失自我，又不至于完全沉浸在自我之中而无限膨胀，还能寻找到自己的正确定位，从而确立成才理想和职业理想，并找到实现理想的正确途径，这需要有对世界和中国发展大势的正确认识，如果思想政治工作能够在这方面有效切入，那么就找到了党和国家意识形态需求和大学生成才需求的契合点。

5. 科学认识"四个相统一"

"四个相统一"，是指坚持教书和育人相统一，坚持言传和身教相统一，坚持潜心问道和关注社会相统一，坚持学术自由和学术规范相统一①。"四个相统一"的重要论述是习近平总书记对教师教育思想的集中表达和高度概括，体现了他对传道者的谆谆嘱托和殷切希冀，更是我们做好新时代高校教师思想政治工作的行动指南。"四个正确认识"是针对学生的，而"四个相统一"是针对教师提出来的，是对教师队伍建设的要求，也是对辅导员队伍的要求。习总书记在全国高校思想政治工作会议上强调，教师是人类灵魂的工程师，承担着神圣使命，加强师德师风建设，必须坚持"四个相统一"，引导广大教师以德立身，以德立学，以德施教，真正将"四个相统一"内化于心，外化于行，并养成高度的自觉体认②。作为一名辅导员、一名光荣的人民教师，我们要坚持教书和育人相统一，既做传播知识、思想和真理的工作，更做塑造灵魂、生命和人的工作；坚持言传和身教相统一，要用自己的真才实学和人格魅力在传道授业解惑中启发学生、引导学生；坚持潜心问道和关注社会相统一，要有"衣带渐宽终不悔，为伊消得人憔悴"的自觉，耐得住寂寞，潜心研究学问，时刻关注社会现象，在实践中汲取养分；坚持学术自由和学术规范相统一，课堂上怎么讲要有规范，教师的言行要对国家、对社会、对学生负责。

6. 深入把握"四个自信"

"四个自信"就是中国特色社会主义道路自信、理论自信、制度

---

① 习近平在全国高校思想政治工作会议上强调：把思想政治工作贯穿教育教学全过程 开创我国高等教育事业发展新局面 [N]. 人民日报, 2016 - 12 - 09.

② 杨胜才. 高校师德师风建设应着眼于"四个统一" [J]. 学校党建与思想教育, 2018 (2): 47 - 48.

自信和文化自信①。增强"四个自信"是高校学生思想政治工作的基本目标。自信，是人生的精神支柱，树立自信，就是对国家和社会的发展前途有信心，就是对富强、民主、文明、和谐的国家有信心。坚持道路自信就是要坚定走中国特色社会主义道路，这是实现社会主义现代化的必由之路，是为近代历史反复证明的客观真理，是党领导人民从胜利走向胜利的根本保证，也是中华民族走向繁荣富强、中国人民过上幸福生活的根本保证。理论自信是对马克思主义理论特别是中国特色社会主义理论体系的科学性、真理性的自信。坚持理论自信就是要坚定对共产党执政规律、社会主义建设规律、人类社会发展规律认识的自信，就是要坚定实现中华民族伟大复兴、创造人民美好生活的自信。制度自信是对中国特色社会主义制度具有制度优势的自信。坚持制度自信就是要相信社会主义制度具有巨大优越性，相信社会主义制度能够推动发展、维护稳定，能够保障人民群众的自由平等权利和人身财产权利。文化自信是对中国特色社会主义文化先进性的自信。坚持文化自信就是要激发党和人民对中华优秀传统文化的历史自豪感，在全社会形成对社会主义核心价值观的普遍共识和价值认同。

"四个自信"当中需要我们格外注意的是文化自信。文化自信是更基础、更广泛、更深厚的自信，道路自信、理论自信、制度自信，是文化自信的具体表现。作为一个国家、一个民族的灵魂、信仰、信念，文化自信是支撑道路自信、理论自信、制度自信的基础，并且渗透于道路自信、理论自信、制度自信之中，如果缺乏文化自信，道路自信、理论自信、制度自信就很难支撑起来。只有坚持文化自信，才能进一步做到道路自信、理论自信和制度自信，也只有坚定文化自信，才能推动社会主义文化的繁荣兴盛。文化自信与高校思想政治理论教育的价值认同具有内在联系，文化自信是增强高校思想政治理论课教育价值认同的基础。高校思想政治理论课教育应不断增强大学生

---

① 本刊编辑部. 以四个自信为核心加强高校学生思想政治工作 [J]. 中国高等教育，2017（1）：1.

的文化自信①。对高校辅导员来说，这里实际上提出了新要求，即怎么样树立大学生的文化自信。这个要求需要高校辅导员在工作中深入思考和积极实践。

7. 正确理解"四个意识"

"四个意识"就是政治意识、大局意识、核心意识、看齐意识。牢固树立"四个意识"，不能仅仅停留于口号，而要落实到具体行动当中。在高校中，关于知名教授出现道德或学术腐败的事件，首先是师德师风方面的问题，教育部和他们所在的高校也已经采取了相应的措施。但是这些事件从其发生、发展的背景去看，都有这样一个特点，就是境内实施、网上发酵，通过互联网一波一波地推进。这些事件的背后，存在着国外势力企图动摇我国人才体系的不可告人的目的，西方势力要借此动摇我国的发展根基，阻止中国强大起来。高校辅导员要有政治敏锐性和政治辨别力，不仅自己不能跟风盲从，还要引导学生不盲从，教育引导学生正确认识政治事件，牢固树立"四个意识"，服务大局，贡献社会。

（二）2018 年北京大学师生座谈会精神（2018 年 5 月 2 日）

1. 深入领会"一个根本任务"

习总书记强调，大学是立德树人、培养人才的地方，我们的教育要培养德智体美全面发展的社会主义建设者和接班人。"立什么德""树什么人"是贯彻立德树人根本任务必须回答的问题②。我国是中国共产党领导的社会主义国家，这决定了我们的教育事业必须为社会主义培养合格的建设者和接班人。明确了这个目标，也就明确了坚定理想信念和爱国情怀是立德的基本内涵。必须坚持共产主义远大理想和中国特色社会主义共同理想。理想信念是共产党人精神上的"钙"，

---

① 曹群. 论文化自信与高校思想政治理论课教育的价值认同［J］. 思想教育研究，2017（4）：95 - 99.
② 中共教育部党组关于教育系统深入学习贯彻习近平总书记在北京大学师生座谈会上重要讲话精神的通知［Z］. 教党〔2018〕23 号.

也是所有共产主义事业建设者的"钙"，只有把理想信念作为道德的最高内涵贯穿教育全过程，才能塑造有信仰有力量的民族未来。爱国主义是中华民族绵延千年的民族精神，"天下兴亡，匹夫有责"素来为中国人所认可，只有厚植爱国情怀，引导学生立志扎根祖国，报效人民，教育才能实现百年树人、一树百获的实效。高校的教学、科研、学科建设、服务社会等任务都是重要任务，但根本任务是为社会主义培养合格的建设者和接班人，必须牢固树立这个意识。

2. 正确认识"两条标准"

第一条标准是根本标准。立德树人是检验学校一切工作的根本标准，检验学校一切工作的根本标准就是立德树人的效果。还有一条标准是第一标准，师德师风是评价教师的第一标准①。学校对教育的引领作用不言而喻，学校应把立德树人作为检验一切工作的根本标准，做到以文化人、以德育人，不断引导广大青年成为有理想、有学问、有才干的实干家。有理想，就是要立鸿鹄之志，有远大的目标，并且能够为这个目标的达成而不断付出努力，一步一步地实施；有学问，就是要练就一身真本领，不但要学习理论知识，还要经过实践的检验来提升自身的实践水平；有才干，就是要既有才学，又能干事，是对有学问的升华。而这一切都以德为引领，德智体美全面发展，立德就是要树立信念，树立为社会主义事业奋斗终身的信念，树立有责任、有担当的信念。学校要进一步加强师德师风建设，真正做到以德治教，通过言传身教不断教育引导青年学生明大德、守公德、严私德，引导学生坚定理想信念这个政治灵魂和精神之钙。作为一名辅导员，要积极响应党和国家的号召，贯彻学校的要求，以立德树人为己任，不断强化个人师德师风，力争成为一名优秀的老师。

3. 精准掌握"三项基础性工作"

"国势之强由于人，人材之成出于学。"培养社会主义建设者和接

---

① 中共中央国务院关于全面深化新时代教师队伍建设改革的意见［Z］. 中共中央国务院印发〔2018〕4 号.

班人，是我们党的教育方针，是我国各级各类学校的共同使命。高校对青年成长成才发挥着重要作用。高校只有抓住培养社会主义建设者和接班人这个根本任务，才能办好中国特色世界一流大学。为此，有"三项基础性工作"要抓好①。这"三项基础性工作"，一是坚持正确政治方向，二是建设高素质教师队伍，三是形成高水平人才培养体系。习总书记特别强调，人才培养体系，包括学科体系、教学体系、教材体系、管理体系等，贯通其中的是思想政治工作体系。换句话说，就是思想政治工作体系要贯穿到学科体系、教学体系、教材体系、管理体系等整个人才培养体系当中。这里面凸显出一个贯通的问题。高校辅导员工作过程中可能涉及的"三全育人"工作也与此紧密相关。"三全育人"里面包含十大育人，就是讲如何将课程育人、科研育人、实践育人、文化育人、网络育人、组织育人、心理育人、资助育人、服务育人、管理育人等各方面贯通为一个有机的体系，最终形成全员全过程全方位育人格局。如何将思想政治工作贯穿到教育教学各环节、人才培养各方面，这将是高校辅导员在工作中应当持续思考并致力解决的重大课题。

4. 深入理解"四项要求"

习近平总书记对青年学生提出了"四项要求"，即爱国、励志、求真、力行。高校辅导员要把立德树人摆在首位，引导学生坚持弘扬爱国主义、集体主义、英雄主义、乐观主义精神，将社会主义核心价值观积极融入人才培养全过程，整合集成各项育人工作、各项育人元素，打造全方位、立体化的育人格局。要紧紧抓住思想政治工作这一生命红线，切实增强思政工作的时代感和实效性，教育引导学生争做"爱国、励志、求真、力行"的时代新人。

---

① 隋月英，孔亭，主编. 形势与政策专题教程（2018下）[M]. 徐州：中国矿业大学出版社，2018：149.

（三）全国教育大会精神（2018年9月10日）

1. 大会总结凝练了一个重大的理论成果

这个重大的理论成果就是习近平总书记关于教育的重要论述。这里面涉及"九个坚持"①。一是坚持党对教育事业的全面领导，二是坚持把立德树人作为根本任务，三是坚持优先发展教育事业，四是坚持社会主义办学方向，五是坚持扎根中国大地办教育，六是坚持以人民为中心发展教育，七是坚持深化教育改革创新，八是坚持把服务中华民族伟大复兴作为教育的重要使命，九是坚持把教师队伍建设作为基础工作。"九个坚持"深刻回答了"培养什么人、怎样培养人、为谁培养人"这一根本问题，具有极强的政治性、思想性和战略性，是我们党对我国教育事业规律性认识的深化，是我们党在实践基础上的理论创新成果，是习近平新时代中国特色社会主义思想的重要组成部分，必须始终坚持并不断丰富发展。

2. 大会深刻阐述了一个基本战略

教育是基础性、先导性、全局性的基础工作，必须优先发展。这次大会明确提出了教育是国之大计、党之大计。关于这两个大计的提法，过去我们提得比较多的是国之大计，教育是国家的事情。但是习总书记在这次大会上明确提出，教育是党的大计，关系到党的未来发展前途。时代越是向前，知识和人才的重要性就愈发突出，教育的地位和作用就愈发凸显。综合国力竞争，说到底是人才竞争。实现"两个一百年"奋斗目标，实现中华民族伟大复兴的中国梦，归根结底靠人才、靠教育。今天，党和国家事业发展对教育的需要、对科学知识和优秀人才的需要比以往任何时候都更为迫切。教育只有同党和国家事业发展要求相适应、同人民群众期待相契合、同我国综合国力和国际地位相匹配，才能产生更多更好的能够满足党、国家、人民、时代需要的人才，为实现中华民族伟大复兴奠定坚实教育基础、提供有力

---

① 中共教育部党组关于认真学习贯彻全国教育大会精神的通知［Z］. 教党〔2018〕50号.

人才支撑，才能实现党之大计。

3. 大会讲清了一个历史事实

我国教育工作取得了历史性的成就，必须要坚定教育自信。改革开放以来，中国高等教育发生了巨大变化，为经济社会发展提供了强有力的人力支持和智力支撑，创造了大国高等教育发展的奇迹。站在新的历史起点上审视高等教育，我们在取得了一系列成就的同时，也面临着矛盾累积和问题叠加的复杂局面。尤其是自20世纪90年代末开始，中国高等教育规模迅速扩大，在极短的时间内完成了从精英模式向大众模式的转变，其间产生的一些问题还需要时间的磨合，需要教育观念、教育结构、教育模式等多方面的渐进性和适应性调整，需要在反思经验教训的基础上形成发展共识。

4. 大会鲜明地提出了一个教育的总体要求

大会鲜明地提出了教育的总体要求，即"五个人"的总体要求。"五个人"的要求是凝聚人心、完善人格、开发人力、培育人才、造福人民。这也是习总书记提出的教育的基本目标和方向，也是我们辅导员开展工作的行动指南。作为一名高校辅导员，最重要的就是培育有健全人格的人才，这样才能造福社会、造福人民。这里举个例子说明一下。

案例1：云南大学马加爵事件

马加爵是云南大学生化学院生物技术专业2000级学生，高中时候，成绩优秀，曾经获全国物理竞赛二等奖、省级三好学生，上大学期间成绩也不错。但是2004年，因与舍友发生冲突，他先后杀死4人。

马加爵接受记者采访时说："我觉得没有理想是最大的失败。这几年没什么追求，就是很失败。"这番话有种直指内心的力量，那是他回首二十多年生命历程所做的最后感悟，每一字都显得格外沉重。

"有信念的人，活着才会快乐。"这是马加爵在生命最后时刻的人生感悟。

可能这个话题有些沉重，但我们应该知道，一个没有理想信念的人，一个人格不健全的人，就会一生碌碌无为，甚至丧失道德，危害社会，走上犯罪的不归路。这就需要我们辅导员加强教育、引导，帮助大学生坚定理想信念，树立正确的世界观、人生观和价值观。

5. 大会明确地回答了一个首要问题

首要问题实际上就是教育方针，就是培养德智体美劳全面发展的社会主义建设者和接班人。这是第一次将德智体美劳五育并举。习近平总书记在全国教育大会上清楚地阐明了劳动教育的极端重要性，现在的关键问题是如何落实、如何落地。过去劳动教育只是作为一项重要活动，这次作为"五育"之一，德智体美劳并列表述。人的全面发展，包括学生的德智体美劳全面发展，是一个总体性的概念，描述的是人的总体生成和发展状况。学生的全面发展并非各个方面无一遗漏地发展，而是学生在德智体美劳五个基本面的完全发展①。当然德智体美劳这五者以德育为首。这里举两个例子，一个是复旦大学投毒案，一个是药家鑫案。

案例2：复旦大学投毒案

林森浩与黄洋均为复旦大学上海医学院2010级硕士研究生，分属不同的医学专业。2010年8月起，林森浩入住复旦大学某宿舍楼421室。一年后，黄洋入住该寝室。之后，林因琐事对黄不满，逐渐怀恨在心。2013年3月29日，林森浩在大学宿舍听黄洋和其他同学调侃说愚人节即到，想做节目整人。林森浩看到黄洋笑得很得意，联想起其他学校用毒整人的事件，便计划投毒"整"黄洋，让同学难受。林森浩将装有75毫升N－二甲基亚硝胺的药瓶和一支已经吸了约2毫升N－二甲基亚硝胺的注射器拿走。当天下午5点多，林森浩返回寝室，同寝室的黄洋和葛俊琦均不在，林森浩就将所有药液都倒进饮水机。黄洋在421室从该饮水机接水饮用后，出现呕吐等症状，

---

① 李松林. 全面发展教育的关键在于整合 [J]. 教育科学研究, 2019 (6): 1.

后不治身亡。2014年2月18日上午，上海市第二中级人民法院一审宣判，被告人林森浩犯故意杀人罪，被判死刑，剥夺政治权利终身。

案例3：药家鑫案

2010年10月20日22时30分许，药家鑫驾驶红色雪佛兰小轿车从西安外国语大学长安校区返回市区途中，将前方在非机动车道上骑电动车同方向行驶的被害人张妙撞倒。药家鑫恐张妙记住车牌号找其麻烦，即持尖刀在张妙胸、腹、背等处捅刺数刀，将张妙杀死。他在逃跑途中又撞伤二人。同月22日，公安机关找其询问被害人张妙被害案是否系其所为，药家鑫矢口否认。同月23日，药家鑫在其父母陪同下到公安机关投案。

药家鑫说，当日他开车行至事发地时，正在给车里的音响换碟，不清楚车是否在走直线，突然听见"嗵"的一声，感觉出事了，便下车查看。结果发现车后有一个女子侧躺在地上，发出呻吟声。"天太黑，我不清楚她伤的程度，心里特别害怕、恐慌，害怕她以后无休止地来找我看病、索赔。"于是，两三秒后，"一念之差"下，药家鑫从随身带的包里取出一把单刃刀，向张妙连捅数刀，然后驾车逃跑。2011年4月22日上午，西安市中级人民法院对被告人药家鑫故意杀人案做出一审判决，以故意杀人罪判处药家鑫死刑，剥夺政治权利终身，并处赔偿被害人家属经济损失45498.5元。

这两个案例充分说明了如果我们培养的学生没有道德底线，对社会、对生命没有敬畏之心，那将是多么可怕的事情，高智商的罪犯对社会造成的伤害更大。

实际上，德智体美劳五者之间是相互包含的关系，德育当中有智育，智育当中有德育，体育当中也有德育。就德育来讲，智体美劳都有德育的因素。我们辅导员在工作时，要注重五育并举，不留短板，促进学生的全面发展。

6. 大会明确部署了一项重点任务

大会部署了一项重点任务，这项重点任务就是加强教师队伍建设。习总书记指出："教师是人类灵魂的工程师，是人类文明的传承者，承载着传播知识、传播思想、传播真理，塑造灵魂、塑造生命、塑造新人的时代重任。"由此，我们可以看出教师的重要性。教育大计，教师为本。教师是立教之本、兴教之源。"所谓大学者，非谓有大楼之谓也，有大师之谓也。"不重视教师队伍包括思想政治理论课教师素质建设是根本不可能建设好一个社会主义大学的①。作为一名辅导员，作为一名高校教师，我们要坚持立德树人根本任务，要做先进思想文化的传播者，要做中国共产党执政的坚定支持者，在教书育人实践中关注、关心、关爱每一个学生，尊重、欣赏、信任每一个学生，让每一个学生都能健康成长、茁壮成才，为祖国培养出更多的栋梁之材，不负党和国家的期望和关怀。

7. 大会提出了必须完成一项改革的硬任务

大会提出了必须完成一项改革的硬任务，这就是要破除制约教育事业发展的顽瘴痼疾，就是要破除"五唯"，即"唯分数、唯升学、唯文凭、唯论文、唯帽子"。这实际上是教育评价的问题。教育评价是对教育教学工作的检验，也是教育教学工作的指挥棒。进入新时代，面对日趋激烈的国际竞争、现代化强国建设以及人民对更加公平更高质量教育的殷切期盼，传统"五唯"评价方式显然已经无法适应教育现代化所面临的挑战。目前，国家在破除"五唯"方面已经有了一些有益的探索。例如，2020 年 2 月，教育部、科技部印发《关于规范高等学校 SCI 论文相关指标使用 树立正确评价导向的若干意见》的通知。

8. 大会突出强调一个根本任务

这项根本任务就是要加强党对教育工作的全面领导。加强党的领

---

① 忻平，吴德勤. 高校思想政治理论课改革发展研究［M］. 上海：上海大学出版社，2015：171.

导是做好教育工作的根本保证。党的十八大以来，我国教育事业发展之所以取得显著成就，最根本的原因就是，在以习近平同志为核心的党中央坚强领导下，党对教育事业的全面领导得到有力贯彻，党对教育工作的领导得到全面加强。要做好当前和今后一个时期的教育工作，就必须以习近平新时代中国特色社会主义思想为指导，全面贯彻党的教育方针，坚持马克思主义指导地位，坚持中国特色社会主义教育发展道路，坚持社会主义办学方向，把党对教育事业的全面领导贯彻好、落实好。办好中国的事情，关键在党；实现中华民族伟大复兴，归根结底靠人才、靠教育。认真学习贯彻落实习近平总书记在全国教育大会上的重要讲话精神，坚持党对教育事业的全面领导，坚持立德树人，我们就一定能培养德智体美劳全面发展的社会主义建设者和接班人，为实现中华民族伟大复兴提供坚强政治保障和有力人才支撑。

（四）全国学校思政课教师座谈会精神（2019 年 3 月 18 日）

习近平总书记在会上提出"六种素养"和"八个相统一"。"六种素养"即政治要强、情怀要深、思维要新、视野要广、自律要严、人格要正，这是针对教师提出的①。"八个相统一"，即政治性和学理性相统一，价值性和知识性相统一，建设性和批判性相统一，理论性和实践性相统一，统一性和多样性相统一，主导性和主体性相统一，灌输性和启发性相统一，显性教育和隐性教育相统一，这是对思政课的总要求。

高校辅导员都是思政工作者，有一部分可能是思政课教师，每个学校的情况不一样。广大思政课教师要教育青年学生成为有信仰的时代新人，成为中国特色社会主义建设者和新人，必须自己要有坚定的

---

① 董树军，胡港云. 学习贯彻习近平在学校思想政治理论课教师座谈会上的重要讲话 着力建设好思想政治理论课教师队伍——"思想政治理论课教师队伍建设与教学实效性提升"学术研讨会综述［J］. 思想理论教育导刊，2019（5）：157-159.

政治信仰①。不管有没有给学生上课，辅导员都应该对标习总书记在全国思政课教师座谈会上的要求，提升"六种素养"，坚持"八个相统一"，以信仰带动信仰，引导学生扣好人生"第一粒扣子"、找到正确的人生方向，成为中国特色社会主义合格建设者和可靠接班人。

以上就是对习近平总书记四次重要会议讲话精神的梳理回顾，也是习近平新时代中国特色社会主义思想对高校辅导员工作的新要求。辅导员要能够持续深入地学习领会，内化于心、外化于行，真正把习总书记四次重要会议讲话精神落实到各项育人育才工作当中。

二、 学生眼中的高校辅导员

学生眼中的辅导员，扮演着各种角色，如老师、宿管、后勤、行政秘书、心理医生、民事纠纷调解员、就业指导师等。无论是对贫困学生进行家访和帮扶，还是帮助有轻生念头的学生挽回生命；无论是将半夜突发疾病的学生送往医院精心照看，还是帮助学习后进的学生追赶学业进度；无论是解决学生之间的各种矛盾，还是处理各种意料之外的突发事件；无论是帮助误入非法组织的学生安全退出，还是帮助患有人格分裂的学生顺利毕业……点滴小事都有辅导员的身影。手机 24 小时待命，成了"标配"；下班后为杂事加班，成了"固定程序"；双休日被"报销"也是固定模式。辅导员不仅承担着立德树人的使命，更承载着千千万万个家庭的未来和希望，因此更要坚守责任，勇于担当。

总体而言，在学生的眼中，辅导员的形象可以说是高大的、光辉的，只有辅导员将这种形象保持下去，学生才能服从管理，接受服务。谈到形象，这里举两个例子。

---

① 秦宣. 思想政治理论课教师应树立坚定的政治信仰［J］. 思想理论教育导刊, 2019（5）：22 - 23.

案例4： 全国最美辅导员评选

2019 年上半年，中共中央宣传部、教育部联合评选出了 10 名最美辅导员和 10 名最美大学生。他们用自己的实际行动彰显了最美，用社会的认可证明了自己的价值。他们的事迹让人深受触动，给人以启发。比如说在最美辅导员中，重庆大学的袁利当了 29 年的辅导员，先后担任了 105 个班级的辅导员，累计教育引导学生 2700 多名。29 年夜以继日的坚持，29 年默默无私的奉献，诠释了辅导员的意义和价值。她是真的把辅导员当成了一种事业、一种乐趣。

通过看他们的事迹，我们可以深切地感受到辅导员真的是伟大、光荣的职业，辅导员也是一个闪亮的名字。这个职业值得投入，这份荣光值得珍惜，这份工作的价值值得重视。

大部分辅导员都是正能量满满的，但确实也存在个别辅导员的言行损害了辅导员这个职业形象的个案。

案例5： 辅导员违纪违法事件

2018 年，网曝"广东文理职业学院一辅导员贪污班费、学生奖学金数万元"，引发了广泛关注。11 月 1 日，广东文理职业学院发布公告称，该辅导员承认态度粗暴，有辱骂、体罚、恐吓学生和侵占学生利益的行为。10 月 31 日该辅导员已退回索取学生的 18000 元；校方现已联系当事学生领回被侵占款。10 月 31 日下午，学校召开院长办公会，对该辅导员做出解除劳动合同的决定，并将其移送公安机关。此外，还有南航辅导员向学生集体借贷后跑路的事、郑州科技学院某辅导员与学生长期保持不正当性关系等事件。这些行为确实损害了辅导员的形象，也在社会上产生了不良影响。

由此可见，树立辅导员的正面形象多么重要，因此辅导员要切实地履行职责，自觉地维护学校和辅导员的形象。现在网络媒体这么发达，一旦出现类似的问题，有些学生又将问题发到网上，就会无限地扩大，到时不仅会影响辅导员的工作和晋升，还会使学校的形象受损。学生维权意识的增强和维权渠道的多样化，如校长信箱、处长信箱、百度贴吧、微博、微信等渠道，使一些存在于个别辅导员身上的问题很快得到反映。学校为了澄清事实，还学生公道，就会检查核实。所以，辅导员在工作的时候一定要有原则，努力维护学生的权益，这样学生才会服从管理，才会愿意接受引导。

总之，高校辅导员是一个崇高而伟大的职业。"辅导员"三个字有着深刻的内涵。很多人戏称辅导员就是"扶着学生，让学生别倒下的人"。我认为，"辅"是辅助的意思，指帮助或与别人共同完成某项工作；"导"是指有选择地帮助，主要体现在方法和方向的指导方面；"员"既是指辅导员本身，也是指我们的工作对象——学生，具体是指学生工作。辅导员要从共同目标的理解上凸显转化、渗透、牵引的功能，力求抓大事、牵引大活动、构建大格局，真正成为大学生的知心朋友和人生导师。

三、 新时代高校辅导员的育人初心和育才使命

十九大报告中，习近平总书记开宗明义，强调了共产党人的初心和使命——"为中国人民谋幸福，为中华民族谋复兴"。举一纲而万目张，解一卷而众篇明。习近平总书记对共产党人初心与使命的精准阐释，具有很强的现实针对性和战略指导性。而对我们高校辅导员来说，也极具指导意义。那么，进入新时代，高校辅导员的初心与使命又是什么呢？

新时代高校辅导员要坚定理想信念，牢记奋斗目标，具有对党的"忠诚之心"、对岗位的"责任之心"、对工作的"进取之心"、对学生的"仁爱之心"，努力提升自我素质，全心全意为学生服务。党的教育方针给出了"培养什么人"的明确定义，因此，高校的人才培养目标是明确的，就是要培养"德智体美劳全面发展的社会主义建设者

和接班人"，这也是高校学生工作的育人初心和使命所在①。新时代高校辅导员的育人使命，就是指新时代的辅导员要勇于担当负责，积极主动作为，贯彻党的教育方针，落实立德树人的根本任务，发展素质教育，优化新媒体环境下的思想政治教育模式，培养德智体美劳全面发展的社会主义建设者和接班人。总的来说，新时代高校辅导员的初心和使命就是——始终坚持以学生为中心的育人理念，永远坚守为党育人、为国育才的立场，培养合格的社会主义建设者和接班人。

习近平总书记在全国高校思想政治工作会议上指出，要坚持把立德树人作为中心环节，把思想政治工作贯穿教育教学全过程，实现全程育人、全方位育人，努力开创我国高等教育事业发展新局面。加强和改进大学生思想政治教育，提高大学生的思想政治素质，对于培养中国特色社会主义事业的合格建设者和可靠接班人具有重大而深远的战略意义。要实现这一目标，离不开一支高素质的思政工作队伍，而高校辅导员在其中发挥着基础性作用。

教育部《普通高等学校辅导员队伍建设规定》明确指出："辅导员是开展大学生思想政治教育的骨干力量，是高等学校学生日常思想政治教育和管理工作的组织者、实施者、指导者。辅导员应当努力成为学生成长成才的人生导师和健康生活的知心朋友。"青年大学生正处于价值观形成和确立的关键时期，抓好这一时期的价值观养成和培育十分重要。辅导员处于大学生思想政治教育工作的第一线，直接影响着大学生思想政治素质的形成，可谓责任重大、使命光荣。辅导员既要在处理日常繁琐的学生事务中，做好思想政治教育和管理工作，又要走近学生，成为学生的人生导师和知心朋友。这对辅导员的个人素质和能力提出了更高要求。

新时代的高校辅导员要致力于培养拥有健全人格和全面素质的时代新人。习近平总书记在全国教育大会上指出："培养什么人，是教

---

① 仝兴华. 学习贯彻党的十九大精神 落实立德树人根本任务 [J]. 高校辅导员，2018（1）：6 - 9.

育的首要问题。"高校作为意识形态工作的前沿阵地，绝不是与世无争的"世外桃源之地"和远离政治的"纯粹知识真空"，必须紧密关注师生的思想动态，高度重视青年学生的思想政治教育①。新时代的理想人格和素质要求更加侧重心理品质和思想品德，更加聚焦知识、能力与价值观的全面性和整合性。以立德树人为中心环节的新时代高校辅导员践行初心与使命，要将德性培养和人格锻炼确立为育人育才的核心任务和根本标准，以"立德"的优先性确保"树人"的正当性，突出"立德"对"树人"的价值限定、过程管理与方向引领作用，有效契合时代发展对健全人格和全面素质的要求。同时，新时代高校辅导员践行初心与使命要致力于建设跨时空、全领域、全要素的人才培养体系，在时间上向终身教育和学生未来职业发展开放，在空间上向家庭、社会开放，对内调动各级各类育人力量，对外引入并整合各种社会资源，进而建立起课内与课外、校内与校外、线上与线下全领域覆盖、全要素融合的立体化育人体系，有力突破长期以来高校人才培养以学科为依托的知识逻辑和以院系为载体的权力逻辑，开辟出一条跨学科、跨院系的育人育才之路。总之，新时代高校辅导员的初心与使命，就是为了培养德智体美劳全面发展的社会主义建设者和接班人，培养担当民族复兴大任的时代新人，最终实现国家的繁荣昌盛和民族的伟大复兴。

因此，新时代高校辅导员应紧紧围绕"立德树人"的根本任务，坚持"育人为本、德育为先"，积极主动地开展思想政治教育工作，不断提高工作的科学化水平，引导学生扣好人生"第一粒扣子"，做好学生"锤炼品格、学习知识、创新思维、奉献祖国"的引路人，从而推动全员、全过程、全方位育人格局的形成，培养德智体美劳全面发展的社会主义建设者和接班人，培养堪当民族复兴大任的时代新人。

---

① 王娟. 筑牢高校思想政治理论课教师队伍的鲜明政治底色［J］. 学校党建与思想教育，2020（3）：72 - 75.

第二节　新时代高校辅导员工作的问题、挑战和对策

作为一名辅导员，要扎实做好新时代高校思政工作，首先要清楚大学生思想政治教育工作和辅导员队伍建设中存在的问题与面临的挑战，这样才能在工作时做到有的放矢，从而收到实效。

一、　新时代高校辅导员工作的问题与挑战

（一）大学生思想政治教育工作的问题与挑战

1. 思政教育实效性不显著

造成思政教育实效不显著的主要原因有四点。

一是指标导向削弱主旨教育。随着全球化和国际化影响的深入，西方高等教育理念、理论和方法对我国高等教育产生了深刻的影响。在学生工作领域，学生工作理念多以学生为中心，学生工作更加注重满足学生的个性化诉求，逐渐由管理向服务转变，更加突出服务的理念。如设立学生事务一站式服务中心，注重学生奖、贷、勤、助、补、就业、心理咨询服务、学业指导、安全教育等诸多方面；党建和思想政治教育则更强调要融入学生事务服务，发挥载体功能，这在一定程度上避免了空洞说教带来的弊端。毋庸置疑，以上举措是学生工作的必然趋势，是当代大学生个性化发展的需求、多样化选择的内在要求。以学生为中心的工作理念本身就包括对学生个性化成长需求的关注，但在实际工作中，辅导员往往会出现"重事务，轻思想""重服务，轻教育"的倾向，这根源于辅导员的考评指标的局限性。如学生的就业率、获奖率、考研率等都是可以量化的；对于学生思想和价值观的教育引导及评价具有内隐性，同时具有一定的迟滞性，在工作评价中往往被忽视。这就容易导致辅导员陷于片面追求完成考评指

标、注重日常事务管理而轻视思政教育的困境，使得思政教育浮于表面，实效性不断削弱。

二是思政教育的主动性不够。思想政治教育的对象是人，其根本目的在于培养人。大学生思想政治教育取得实效的关键就在于充分调动大学生的主观能动性，激发他们的积极性、主动性和自觉性。高校大学生思想政治工作是围绕思维活跃、个性鲜明的大学生而进行的。以人为本既是思想政治工作的出发点和落脚点，又是思想政治工作的归宿和目标①。这就要求思想政治教育工作者在实际工作中用诚恳、平等、宽容、豁达、客观的态度对待学生，主动放下老师的架子，真诚地与学生交朋友，倾听和尊重他们的合理诉求，学会换位思考，从学生的角度去认识、分析、思考。但是在实际工作中，部分老师未能以学生为教育之根本，主动性还不够，在教育过程中缺乏对学生的尊重和理解，不能使学生对老师的教育产生认同感。

三是思政教育的内容相对片面和陈旧。思政教育的内容十分广泛，应包括思想教育、政治教育、道德教育、法制教育、心理健康教育等方面，教育内容要贴近社会现实，贴近学生思想实际。同时，思政教育也要与时俱进，采用学生喜闻乐见的方式，除了要继续发挥课堂教学的主导作用，充分利用各种校园文化活动、社会实践、党团工作开展大学生思想政治教育外，还必须积极拓展多种有效途径，这样才能吸引学生，才能让学生主动接受思政教育，提高思想水平。然而在实际工作中，大学生思想政治教育往往不全面，内容也都是老一套的空洞说教，在实施过程中也容易忽视学生的思想实际和需求，收效甚微。

2. 大学生心理问题增多

目前高校绝大多数学生为"95 后"，他们大多来自独生子女家庭，在家中居于核心地位，备受呵护。家人的宠爱使得一些大学生缺

① 宋长春. 大学生思想政治工作面临的挑战与对策 [J]. 学校党建与思想教育，2006（4）：47 - 49.

少承受挫折和克服困难的能力，同时也容易因需求未被满足、目标未能实现而产生挫败感。他们成长于互联网时代，依赖于电子信息技术产品和网络社交媒体带来的便捷服务，因而与同龄人缺乏面对面的交流，社会交往能力弱化。在日常生活中，他们会表现出自我中心的倾向，不考虑或者很少考虑他人，给人留下自私自利的印象。进入大学后，一些学生存在"生活不能自理"的情况，缺乏独立思考的能力，遇事会首先选择求助于家长、老师和好友。他们个性鲜明，追求自我享乐，崇尚新潮消费，娱乐至上。"95后"大学生很多时候不关心时政，缺乏坚定的理想信念，容易偏激和焦虑，遇到问题时容易产生逃避和推卸责任的心态，缺乏必要的担当，心理素质整体不强。这些问题的存在给学校和辅导员开展心理健康教育带来很大挑战。

案例6： 大学生的心理健康案例

某大学生在大一时，与班级同学人际关系较好，爱说爱笑，是同学们口中的活跃分子。但是从大二开始，他在网络上认识了一个女孩，交流了几个月时间，内容暧昧、感觉甜蜜。当他提出见面时，女生回绝了，并从此再无回信。于是该生变得郁郁寡欢，偶尔在网络空间转发一些极端言论，生活上热情减退，甚至逃课，沉迷于抽烟和饮酒，并在某夜因醉酒失足坠楼，摔伤了腰部，住院接受手术治疗。因医药费较多，学业受到影响，该学生受到了家长埋怨、同学质疑和学校处罚。

从这个案例我们可以看出，大学生的心理健康教育十分重要，若是不能及时发现、疏导学生心理问题，可能会造成比较严重的后果。因此，辅导员要注意学生的心理健康教育，尤其要关注入学新生的心理健康教育，预防在前，让每个学生都能健康成长。辅导员不仅要充分认识心理健康教育的重要性，还要善于解决学生的心理健康问题，具备一定的心理引导能力。若是遇到严重的学生心理问题，辅导员也可以及时向学校的心理中心或者专业的心理咨询机构求助，让其帮助解决问题。

3. 落后腐朽价值观念的渗透力不断加强

新媒体兴起后，各大网络媒体平台也应运而生。以微博为例，微博的初衷是将博客内容精简，以更加简短、灵活的方式在社交平台上分享个人生活。随着微博用户的逐渐增多，微博的作用也从分享生活逐渐转变为信息集散地，更出现了许多以此谋生的专业博主，他们的每一条微博都会被大量的粉丝关注、转发，其中的思想内涵和价值观念不断被传播扩散，造成了广泛的影响。

大学生是微博用户的主力军，这种互动性、参与性极强的方式深受大学生的喜爱，但同时也存在着网络信息安全隐患。微信兴起后，点对点、点对面、面对面的传播更是加速拓展。利用新媒体进行思想政治教育的有效性较低[①]，新媒体加速了信息的传播，但是其传播内容却鱼龙混杂，这些内容所体现的价值取向并非全部积极向上，有些内容在本质上是错误的甚至是反动的，这些腐朽落后的价值观念对于思想不坚定、价值观未成形的大学生具有极强的误导作用，更有居心叵测者通过各种形式的包装传播错误观念，对大学生们进行思想煽动和"精神绑架"。

4. 协同育人作用发挥不足

大学生思想政治教育是一个系统工程。要实现高校立德树人的根本任务，需要全面统筹办学治校各领域、教育教学各环节、人才培养各方面的育人资源和育人力量，着力实现全员、全方位、全过程育人。辅导员开展大学生思想政治教育工作，要从做好学生的教育、管理、服务入手，帮助学生解决在日常生活和学习成长中遇到的学业、心理、思想等方面的实际问题。目前不少高校网下教育制度完善到位，但网上教育制度却不完善，存在明显滞后性。这种滞后性主要是

① 于乐. 落实立德树人根本任务探索网络育人新途径 [M]. 成都：电子科技大学出版社，2016：153.

因为育人过程中缺乏协调与协同①。只有积极协调专业教师、上级领导、职能部门等校内资源，联合家庭，对接社会资源，使各方同向同行，形成育人合力，才能解决这些问题。但大部分辅导员处在高校工作的基层，几乎是高校教职工中最年轻的一个群体，可调动的资源少、协调工作难度大，这就从某种程度上造成了辅导员开展大学生思想政治教育协同性不够、育人效果不理想等问题。

以上四点只是高校辅导员工作中存在的突出问题，实际工作过程中的困难和挑战远远不止这些，辅导员要直面存在的问题，利用好各种资源，在挑战与实践中思考问题、解决问题。

（二）高校辅导员队伍建设过程中存在的问题与挑战

1. 高校辅导员队伍的流动性较大

辅导员岗位在某种程度上成了职场跳板②，辅导员队伍成了为其他工作岗位培养和输送人才的"蓄水池"和"造血器"，而自身又严重"贫血"。不少辅导员在工作了两三年之后就转岗到教师或行政管理队伍中去了，在岗位上坚持四年以上的就属于"老辅导员"了。有人认为机械的辅导员工作和外界不断的压力易让辅导员工作失去应有的光泽，让辅导员产生职业倦怠，这些均是导致辅导员岗位流动性较大的重要原因③。人员的快速流动不利于辅导员的工作热情和积极性的发挥，使其难以安心做好本职工作，同时也不利于辅导员工作队伍的稳定性和专业化、职业化建设。

2. 高校辅导员的政治素养有待提升

众所周知，国内高校辅导员的工作任务十分繁重，一名辅导员要对其所带学生的思想理论教育、日常教育管理等多方面的事务负责，此外还有学校其他部门的临时性、归属性不明确的工作也一起按专

---

① 龙妮娜，黄日干. 新媒体与大学生思想政治教育研究［M］. 北京：光明日报出版社，2016：35.

② 黄广谋. 新时期高校辅导员工作的理论与实践研究［M］. 北京：新华出版社，2018：119.

③ 史仁民. 高校辅导员专业发展论［M］. 北京：中央编译出版社，2018：74.

业、班级"打包"给辅导员。这就容易使辅导员的工作重心发生偏移，使得辅导员有意无意地对工作职责进行排序。在这样的情况下，高校辅导员首先将牢守安全底线放在第一位，其次是日常事务性工作，有余力再做做大学生思想政治教育工作。这种排序导致的一个客观结果就是：分散了辅导员的主要精力，使得辅导员陷于琐碎繁杂的日常事务性工作之中，而逐渐淡忘了立德树人的根本任务和需要久久为功的思想政治育人职责，导致许多辅导员往往以工作繁忙抽不出时间为借口，忽视了思想政治理论学习的重要性，放松了不断提升自身政治素养的要求。

3. 高校辅导员的职业能力有待提高

目前，国内普通高校在招聘辅导员时，对其专业并无明确限定，一般只要具备党员身份和研究生学历，不论学什么专业都具有应聘资格。然而，辅导员工作并非任何专业的人都能做好，需要经过专业的学习，只有具备教育学、管理学、心理学等多学科的知识储备和技能训练，才能对学生进行有效的思想教育并为学生提供专业的管理服务。这意味着辅导员需要不断地参加培训才能胜任工作。而现实中许多高校未能给辅导员提供经常性的系统培训，不少辅导员缺乏常态化的专业培训，大多数高校也没有对辅导员开展脱产、半脱产和在职培训计划。这无疑制约着辅导员队伍专业化水平、职业化能力的提高。

二、 推动高校辅导员工作可持续发展的对策

（一）提升思想政治教育实效

教育部发布的《高校思想政治工作质量提升工程实施纲要》明确提出了高校思想政治工作质量提升工程的实施内容、载体、路径和方法。但从制度的出台到落地，从理想的标准到具体的实践，还会有一段时间、一段距离。这里要把握两个关键点：

一是"十大育人"体系的统筹推进和重点突破。"十大育人"体系涉及高校的方方面面，每一个方面都包含了非常丰富的内容，其中

每一个育人体系的具体内容的落实都关乎全局，影响到对高校思想政治教育工作的信心。同时在"十大育人"体系中，这十个方面也并非是完全并列的关系，而是有所侧重。只有找准问题，聚焦重点，优先突破，然后以点带面，才能形成良性发展趋势。"十大育人"体系实施的前提和基础是全员化育人机制的建立和完善。只有思想政治教育工作的多元主体都明确自己的职责，各司其职，具备适应时代要求的工作能力，才能真正让思想政治教育工作落地开花，深入人心。"十大育人"体系是提升高校思想政治工作质量的顶层设计，也是高校思想政治工作"由全面施工到内部精装修"的施工蓝图，其总体思路是聚焦短板弱项，坚持把破解高校思想政治工作不平衡不充分问题作为目标指向，着力构建一体化育人体系，打通育人"最后一公里"①。习近平总书记指出："思想政治工作从根本上说是做人的工作，必须围绕学生、关照学生、服务学生，不断提高学生思想水平、政治觉悟、道德品质、文化素养，让学生成为德才兼备、全面发展的人才。"关照学生、服务学生不仅是良心活，更是技术活，这就要求我们辅导员要有更强的本领意识，加快对新事物、新技术的认识和了解，掌握先进的技术，提升专业能力，真正实现因事而化、因时而进、因势而新。

二是辅导员队伍学习力的全面提升。辅导员要深化理论学习，夯实信仰根基。习近平总书记强调："理论学习有收获，重点是教育引导广大党员干部在原有学习的基础上取得新进步，加深对新时代中国特色社会主义思想和党中央大政方针的理解，学深悟透、融会贯通，增强贯彻落实的自觉性和坚定性，提高运用党的创新理论指导实践、推动工作的能力。"这就要求辅导员要在学懂弄通做实党的理论上下功夫，要全面系统学、深入思考学、联系实际学，真正让习近平新时代中国特色社会主义思想和马克思主义理论入脑入心，成为铸魂育人

---

① 范韶维. 高校思想政治教育质量提升的困境破解 ［J］. 江苏高教，2018（7）：87-90.

前进道路上的根本指南。如果我们没有扎实的理论功底，对党的理论一知半解，对马克思主义理论半信半疑，又如何能教育引导学生热爱和拥护中国共产党的领导，如何能引导学生成为坚定的马克思主义信仰者，如何能培养出德智体美劳全面发展的社会主义建设者和接班人？根基不牢，地动山摇。因而，高校辅导员要强化党的理论学习，掌握习近平新时代中国特色社会主义思想的精髓和要义，成为坚定的马克思主义信仰者、践行者，以信仰带动信仰，让学生听党话、跟党走，为实现中华民族复兴的伟大中国梦而不懈奋斗。我们的教育成不成功，能不能培养出担当起民族复兴大任的栋梁之才，很大程度上取决于我们能否真正在当代大学生心中种下理想信念的种子，能否让当代青年学生主动自觉地接受思想的洗礼。高校辅导员要努力引导学生走出个体的狭小领域，将目光投向无限广阔的世界，通过为他人服务和增强集体的归属感来实现个体的价值。唯有如此，才能真正彰显高校立德树人的根本使命和育人内涵，永葆育人的初心，勇担育人的使命。

（二）建强用好网络思政体系

新媒体之所以对高校学生思想政治教育工作造成了极大冲击，是因为高校学生思政工作的方法和观念都过于传统。许多老旧的方法已经不再适用，也无法满足高校学生思政工作的根本要求，自然无法达到预期的工作成效，也极易受到外界的干扰。网络已成为意识形态争夺的主战场，高校教师只有增强主动性，掌握主动权，打好主动仗①，才能主导这个主战场。具体而言，高校辅导员必须创新工作形式和方法，切实做到润物细无声的精准思政。高校要积极打造自己的社交平台，可以通过微信公众号、微信群、QQ、微博、论坛、贴吧、抖音等平台来传递信息。这些平台都是高校学生常用的网络社交工具，参与的人数众多，极具活力。高校也可以打造自媒体平台，通过网络窗

---

① 陈大勇. 切实加强高校意识形态工作的几点思考［J］. 思想理论教育导刊，2015
（5）：126 - 129.

口和学生沟通交流，在网络中实现对学生潜移默化的引导。

青年学生朝气蓬勃，情绪波动相对较大，也很容易受到各种思想观念的影响，从众心理较强。针对大学生的这些特点，高校除了使用已有的社交平台外，还可以搭建更多的网络平台，构建一个兼具学生管理、教学信息传递、文体娱乐、创业就业、心理咨询、网络社交功能的网络社区，将本校学生更紧密地联合在一起，根据网络社区的互动性、服务性突出等特点，更为深入地了解学生的所思所想所求，进一步拉近师生间的距离。学生每天都会接收到大量的信息，但是一些学生缺乏对这些信息中传达的价值观和价值取向的判断能力。高校应该充分发挥指导作用，利用网络平台去引导学生的价值取向。在高校建立的微博和公众号当中，辅导员可以根据热点信息，编辑软文或者视频，通过更具趣味性和感染力的方式传递积极正面的价值观念。这样取得的成效一定远超于死板的说教引导。与此同时，高校也要警惕新媒体带来的负面影响。

案例7： 直播巨额打赏

新生入学三个月后，一名学生的父亲打电话向辅导员反映：每个月月中，该学生就把1500元生活费花完了，有时一个月开销近3000元，这让打工的父母很难承担。据该生室友反映，他迷上了手机直播，还经常在直播间里"打赏"主播，有时一个月支出的"打赏费"高达1000元。

近两年，一些大学生因为校园贷、直播巨额打赏等问题而陷入债务危机等困境之中。辅导员若经常和学生交流，及时发现学生的问题，就能及时阻止这些问题的发生，及时帮助学生止损，避免这类事件的发生。

高校思政教育工作与网络的关系日益紧密，因此，高校辅导员还应该充当好监督者的角色。谣言、负面思想和扭曲的价值观念的传播对学生思想造成了严重的负面影响，辅导员应该对网络舆情进行关注，及时掌握舆论动向，做好学生思想引领工作，要及时发现、及时疏导、及时处理本校学生中出现的不和谐声音，积极引导本校学生树立积极向上的思想观念和价值取向。

（三）不断提升辅导员职业能力和职业素养

辅导员是大学生日常管理和思想政治教育的骨干力量，是大学生日常管理和思政教育的组织者、实施者和指导者，肩负着培养社会主义合格建设者和可靠接班人的重要使命，责任重大，使命光荣①。作为一名合格的辅导员，除了应具有履行教育部 43 号令规定的辅导员的九大职责要求的能力，还应具备以下几点能力和素养。

一是要具备较高的政治素养和育人情怀。有信仰的人才能讲信仰。若是辅导员对党的路线、方针、政策不熟悉，对马克思主义理论领悟不透彻，又怎么能教育引导学生热爱和拥护中国共产党的领导，怎么能让学生成为坚定的马克思主义信仰者呢？高校辅导员确实是一份任务繁重、需要投入大量时间精力的工作。不过，工作繁忙并不是放松提升政治素养和责任意识的理由，恰恰相反，辅导员的首要身份是高校思政工作者，是"开展大学生思想政治教育的骨干力量"，这在前面讲高校辅导员的使命时已经强调过。因此，高校辅导员应当始终牢记立德树人根本任务，践行思想政治教育神圣职责，坚持不懈加强思想政治理论学习，以思想政治理论武装头脑、指导实践，始终将思想政治教育工作摆在一切工作的首要位置，努力将思想政治教育工作融入其他工作中去②。

二是要具备良好的道德品质和沟通能力。亲其师才能信其道。若是辅导员的道德素养不高，品行有缺陷，甚至做出出格之举，那么无意之中便会将错误的价值观和思想传递给学生，从而阻碍学生的健康发展。因而，辅导员还要锤炼自己的道德品质，用高尚品格影响学

---

① 普通高等学校辅导员队伍建设规定［Z］. 教育部令〔2017〕43 号.

② 杜玉波. 提升理论素养增强职业能力　切实加强高校辅导员队伍建设［J］. 高校辅导员，2016（3）：3.

生。同时，辅导员工作本质上是做人的工作，是一份看似简单、实则复杂的工作。高校辅导员要从学生的一言一行中判断学生存在的问题和面临的困境，要在沟通交流中疏解学生的困惑和迷茫，前提是辅导员能以较强的沟通交流能力融入学生，成为学生的知心朋友。只有建立起和谐友好的师生关系，学生愿意向你倾诉，辅导员才能了解问题产生的原因，抓住问题的关键，解决好问题。因而，广大辅导员要在干事创业时始终以学生利益为中心，始终维护学校和学生的根本利益，不断优化工作模式，增强广大学生的获得感和幸福感。辅导员工作的目的就是为学校的广大学生提供优质的服务，为他们的学习、工作、生活营造良好的氛围。辅导员要深入基层、深入一线，深入广大师生之中，问需于师生，问计于师生，找出他们最关心的问题和最迫切的需求，有的放矢，切实提升工作的实效性和针对性，不断优化教育管理服务体系，不断提升服务育人质量。只有积极关注学生的内心世界，把握学生的主体需求，才能更好地掌握大学生的身心发展规律和成长教育规律，抵达学生的心灵，引导学生树立崇高的理想信念，形成正确的认知态度和价值取向。

三是要具备扎实的业务能力和综合素质。所谓"打铁还需自身硬"，干好辅导员这份工作光有理想热情还不够，还要有过硬的业务能力和综合素质。在习总书记系列重要讲话精神和相关文件的指导下，国内高校日益重视并不断加强辅导员的理论学习及业务培训工作，越来越多的学校针对辅导员工作开展系列专题培训，有计划地选拔优秀辅导员攻读博士学位、挂职锻炼，以及到国外高校学习、考察，同时通过各种举措拓宽辅导员的职业发展空间和晋升渠道。这表明高校辅导员的职业前景光明，思想政治教育工作大有可为。辅导员要能够尽快适应时代的发展，端正态度，戒骄戒躁，虚心学习，积极进取，牢牢抓住一切学习进修的机会，给自己好好充电，用新思想武装自己的头脑，通过系统化的学习培训和技能训练，深入掌握思政工作的方式方法，全面提高自身的业务能力和综合素质，不断提升学生工作水平，切实做好学生教育培养工作。

四是要具备较好的职业生涯规划能力。高校辅导员都是经过笔试、面试、心理素质测试和体检等环节选拔出来的，这充分说明高校辅导员的准入门槛越来越高、要求越来越严格，通过系统考察的辅导员已具备基本的素质能力。因此，辅导员应该对这份职业怀有自豪感，对干好这份工作充满自信；同时，又要清醒地意识到在各行各业激烈的竞争浪潮中不进则退的现实，珍惜这份来之不易的工作。为此，辅导员应提前做好职业生涯规划①。职业生涯规划对个体实现人生价值起着重要作用。职业生涯特指人追求自我、实现自我的人生历程。只有提前做好职业生涯规划，树立目标，辅导员才能在工作中保持定力，久久为功，在脚踏实地的作为中干出工作业绩，找到归属感和荣誉感，实现人生价值。高校辅导员要坚信念念不忘，必有回响，切忌三心二意、浑浑噩噩、敷衍了事。要扎实做好新时代高校思政教育工作，不仅要从学生的角度出发解决问题，助力学生健康成长成才，同时也要重视高校思政工作的主力——辅导员队伍本身的发展状况。高校辅导员要积极思考并深入把握职业生涯的机遇和挑战，坚定职业自信，科学、合理地规划自己的未来，点亮职业生涯的灯塔。

（四）积极构建协同育人有效机制

由于高校思想政治教育是一个系统工程，具有整体性、可持续性的高校育人工作就要实现从"条块分割"到"协同配合"的思维模式和行动方式转化②，突出育人的系统性、协同性、整体性特点，注重教师队伍建设，使之成为育人育才的示范者、指导者、促进者。将育人工作贯穿学生从入学到毕业的各个发展阶段，覆盖全校各年级、各班级，融入学生学习生活每个方面。要大力推进学校、社会、家庭一体化育人，丰富家庭教育资源，充分利用社会教育资源，优化学校

---

① 贝静红. 高校辅导员队伍专业化发展研究 [M]. 武汉：武汉大学出版社，2016：63.

② 刘自康. 高校思政教育工作如何因势而新 [J]. 人民论坛，2018（21）：116 - 117.

教育资源，达到多方位合力育人的效果。辅导员要做好大学生思想政治教育工作，就必须妥善协调教务、宣传等多个部门的关系，最大限度地争取、调动多种资源，积极构建协同育人的有效机制。辅导员构建协同育人有效机制的前提是要明确学生工作的主要职责，明确哪些是学生工作队伍的主体，哪些是学生工作与其他工作的交叉着力点，哪些工作要以学生工作队伍为主，哪些工作需要学生工作队伍配合完成，在此基础上，还要注重吸收专业课教师、行政管理人员参与学生工作，如聘任专业课教师担任班级学业导师、班主任等，让他们参与部分学生工作，协助做好大学生思想政治教育工作；通过实施处级干部联系班级制度等措施，发挥行政管理人员的育人作用，让他们参与班级建设，助力学生成长。协同不仅是学生工作与其他工作的协同，还包括自身工作内容的协同，要把思想政治教育工作与学生日常管理、助困帮扶、实践活动、科研创新、就业创业、心理健康等方面结合起来，将思想政治教育融入各项活动中。

习近平总书记曾说："为人民服务，担当起该担当的责任。"干事创业敢担当，应成为教育工作者优良政治品格的鲜明底色。疾风知劲草，烈火炼真金。勇担育人使命，助力学生成长，辅导员要铭记于心。高校辅导员要时刻保持奋发向上和越挫越勇的精神状态，以饱满的干事创业热情，勇担时代赋予的历史重任，为学生的成长服务，为社会主义教育事业服务，为实现中华民族伟大复兴的中国梦服务，在干事创业中实现自身价值。在新时代，高校辅导员的职责就是立德树人，时刻围绕学生、关爱学生、服务学生，为学生营造良好的学习生活氛围，助力其成长成才；加强对学生进行广泛的爱国主义教育和社会主义核心价值观教育，用时代楷模的爱国奉献精神感染师生。然而学生工作纷繁复杂，有些工作因为学生的不理解，推进起来确实较为困难，这就需要教育工作者勇于担当和坚持，一切从学生的角度出发，维护学生的利益，面对挑战敢于迎难而上，面对危机敢于挺身而出，面对失误敢于承担责任，善于换位思考。

高校辅导员要紧紧围绕立德树人的根本任务，不忘育人初心，牢记立德树人使命，履职尽责，追求卓越，努力培养中国特色社会主义事业的合格建设者和可靠接班人，为实现"两个一百年"奋斗目标，实现中华民族伟大复兴的中国梦做出新的更大贡献！

第三节　新时代高校辅导员育人育才的创新模式

新时代高校思想政治教育工作的创新实质上是育人育才模式的创新。高校要善于选树典型、培育骨干人才，通过先进模范影响和带动一大批普通师生，实现教师成名成家，学生成人成才。因而，大学生先进典型的培育模式创新就成了新时代高校辅导员育人育才模式创新的核心和坚实基础。基于"主体发展"的大学生先进典型培育模式就是新时代高校辅导员育人育才实践的创新尝试。

"主体发展"是指人在社会实践活动中全面占有自我的发展，其最高境界即是人的全面自由发展①。大学生的"主体发展"是指其素质、能力的和谐全面发展②。基于"主体发展"培育大学生先进典型要实现大学生先进典型人才及其指导老师的双重性"主体发展"。大学生先进典型的培育要坚持导向性和目的性、现实性和发展性、综合性和特色性相统一的基本原则，以及创新能力和品格修养、中国情怀和世界眼光、实践能力和思维智慧融合统一的目标要求。

一、基于"主体发展"培育大学生先进典型育人模式的提出

关于"主体"的概念，各个学科有不同的解释，这里指与客体相对应的从事社会实践活动的人。所谓"主体发展"也就是积极主动从

---

① 李宏刚. "主体发展"视域下大学生学雷锋常态化探析［J］. 江苏高教，2016（3）：138 - 140.

② 李宏刚，吴家驹. "主体发展"视域下大学生优秀人才思想品格培育探赜［J］. 学校党建与思想教育，2018（4）：71 - 73.

事实践活动的人的全面自由发展。马克思主义关于人的全面发展的理论认为，人的全面发展是个人的全面自由发展，是"现实的个人""有生命的个人"① 的实践发展。人的全面发展是个体生命成长经验性体悟交集的主体意识，大学生的"主体发展"即大学生在主动有为的素质发展实践中实现自身的全面自由发展。在马克思主义交往实践理论看来，大学生主体意识是大学生在对象性活动中形成的对自身与对象世界的关系以及自身地位的认识和觉悟，蕴涵着对象意识、他者意识和自我意识②。大学生"主体发展"的实质是个性的自由全面发展，包括"主体性发展"和"主体际发展"两个层面。大学生的"主体性发展"是指大学生改造客观世界和主观世界的能力发展，大学生的"主体际发展"是指大学生协调生产关系的能力发展或者人际能力的发展。大学生的"主体性发展"是"主体际发展"的基础，大学生的"主体际发展"是"主体性发展"的进一步深化，两者统一于大学生的主体能力发展和主体人格培育。"主体发展"视域下大学生先进典型人才的培育是指要以大学生先进典型人才的"主体发展"为导向，实现先进典型人才创新素质、能力培养与品格提升的相互促进、融合统一。这里的大学生先进典型人才是指具有突出的实践能力、创新精神和社会责任感，能够发挥示范引领作用的优秀大学生。"主体发展"视域下大学生先进典型培育的所谓"主体发展"，其核心是实现大学生先进典型人才及其指导老师的双重"主体发展"。马克思说，"主体是人"③，是社会实践生活中的人。这里的"主体"在本书中主要是指大学生先进典型人才及其指导老师（主要指学业导师、辅导员、班主任等），这里的"主体发展"就是这两个主体的个性化、自由化、最优化、协同化发展。其基本内涵如下：一是要增强

---

① 马克思，恩格斯. 马克思恩格斯全集（第 1 卷）［M］. 北京：人民出版社，1972：24、31.

② 宋国英，郭彩琴. 交往实践是大学生主体意识培育及发展的土壤［J］. 教育探索，2011（4）：134－135.

③ 马克思，恩格斯. 马克思恩格斯选集（第 2 卷）［M］. 北京：人民出版社，1995：3.

大学生先进典型人才及其指导老师自身的主体性发展。大学生先进典型人才及其指导老师的主体性发展，即指两者互动交流过程中，双方主动、积极、全面占有和利用各种客观资源，实现自我发展的过程。在大学生先进典型人才的培育过程中，高校要创造各方面的资源和条件为实现两者互动的主体性发展做最好的准备①。大学生先进典型人才的指导老师要充分利用学校提供的优质资源提高和发展自己，努力让自己成为理论和实践水平都比较高的"双师型"教师，为指导先进典型人才实现"主体发展"奠定坚实的基础。大学生先进典型人才也要充分发挥主观能动性，全力争取和利用学校提供的各类实验、实习及实践资源，全面丰富和完善自我，提升自己的综合素质和创新水平，以主动有为的精神状态为接受指导老师的精心指导做好最充分的准备。二是要实现大学生先进典型人才及其指导老师互动的主体际发展。大学生先进典型人才及其指导老师互动的主体际发展，是指大学生先进典型人才及其指导老师互动的情感发展或人际交流发展。在大学生先进典型人才培养过程中，非智力因素特别是情感、人际交流或沟通能力的发展是实现主体发展的决定性因素，集中体现在大学生先进典型人才及其指导老师互动的主体际发展过程中。

　　大学生先进典型人才的"主体发展"过程是分层次、分阶段的，既要实现思想和精神上的主体发展，又要实现行动和能力上的主体发展，更要实现人格完善和品德修养的主体发展。在实现大学生先进典型人才"主体发展"的过程中，高校要建立平等、友好、全面、深入的主体互动协同体系，使先进典型人才认同其指导老师提出的协同发展要求，并积极贯彻实施，同时指导老师要深入把握先进典型人才的"主体发展"需求，有效满足其"主体发展"诉求。大学生先进典型人才培育的"主体发展"过程是师生双主体共同寻找和发现问题的协同实践过程，在这一过程中，指导老师的身体力行、勤奋严谨和创新

---

　　① 李宏刚，吴家驹."主体发展"视域下大学生优秀人才思想品格培育探赜［J］.学校党建与思想教育.2018（4）：71-73.

思维，都会影响协同实践的大学生先进典型培育对象，对他们在实践领域的能力发展和品格升华形成激励和指引。大学生先进典型人才培育目标的最终实现离不开指导老师的精心指导，只有两个主体共同交流、相互促进，才会培育出国家需要的素质全面发展的大学生先进典型。只有建立健全全方位的"主体发展"体系，师生双主体的互动才会有实效，才会有助于大学生先进典型人才培育目标的实现。大学生先进典型人才及其指导老师两者互动的"主体发展"既是各自个性的自由全面发展，也是双方互动交流和合作的发展，其最高境界就是两个主体都达到了发展的主体自觉状态。

二、 基于 "主体发展" 培育大学生先进典型的基本原则

（一）坚持导向性和目的性的统一

"主体发展"视域下大学生先进典型的培育要坚持导向性和目的性的统一，即要把先进典型人才服务中国特色社会主义建设及其个性的全面发展有机结合起来①。坚持导向性，是指坚持中国特色社会主义先进典型人才培养方向。中国是社会主义国家，中国走的道路是中国特色社会主义道路，中国要培养的大学生先进典型人才是投身于中国特色社会主义建设事业的全面发展的示范性人才。任何时候，大学生先进典型人才的培育都不能偏离这个中心，偏离了这个中心，就动摇了人才培养的根基，就会迷失人才培养的方向。相反，我们要始终如一、坚定不移地坚持和围绕这个中心，始终高举中国特色社会主义大旗，用这一旗帜引领大学生先进典型人才素质、能力培养和品格提升互动融合的过程。坚持目的性，即是指坚持以人为本，把维护好、实现好、发展好大学生先进典型人才的利益诉求作为根本目的，促进大学生先进典型人才主体素质的和谐全面发展。大学生先进典型人才素质、能力培养和品格提升的互动过程要实现以人为本，就是要坚持

---

① 李宏刚，吴家驹."主体发展"视域下大学生优秀人才思想品格培育探赜 [J]. 学校党建与思想教育，2018（4）：71－73.

以先进典型人才的发展利益和现实需求为基础，促进先进典型人才个性的全面发展和自由发展。"主体发展"视域下大学生先进典型人才的培育要坚持导向性和目的性的有机统一，这是由我国大学生先进典型人才培养目标的性质和要求决定的，是培育德才兼备大学生先进典型人才的内在要求。其中，导向性是基础和前提，目的性是归宿和落脚点。大学生先进典型人才素质、能力发展与品格提升的融合互动要取得实效，就必须把思想政治教育的政治方向要求和能力素质的培育锻炼要求充分结合起来，以政治责任培育先进典型人才爱国奉献、忠诚于党的坚贞信念，以创新素质和能力培养激发先进典型人才发展核心竞争力、增强实践能力的自信和奋斗意志。坚持导向性和目的性的有机统一为大学生先进典型人才能力、素质发展和品格提升过程的有机统一奠定了重要基础，有助于从根本上促进先进典型人才个性的全面自由发展。

（二）坚持现实性和发展性的统一

"主体发展"视域下坚持大学生先进典型人才培育的现实性和发展性的统一，是指培育过程既要符合我国先进典型人才培养的现实国情，又要遵循我国先进典型人才培养的梯次推进规律，把大学生先进典型人才培养的长远发展战略和重点突破策略有机统筹起来，使培育过程更具有科学性、实效性、导向性。我国大学生的人文素质和团队素质相对比较薄弱，在先进典型人才能力培养和品格提升的融合互动中，要充分发挥思想道德教育的激励和引导作用，把互促互动的现状和发展的目标有机结合起来。同时，大学生先进典型人才在能力培养和品格提升的互动实践中，其学习能力、实践能力、创新能力和领导能力都要得到拓展和提升，这就需要用中国特色社会主义的政治优势、制度优势提升大学生先进典型人才的开拓创新能力和领导能力，把能力发展的现状和良好的发展空间有机结合起来，实现人才思想道德素质和能力素质的双重提升。坚持大学生先进典型人才培育现实性和发展性的融合统一，既要从中国特色社会主义先进人才培养的现实国情出发，又要有长远的发展战略，把近期目标、中期目标、长期目标有机结合起来，这对提高先进典型人才的培养质量和效能具有重要的指导意义。坚持培养过程的现实性和发展性的统一有助于科学评价不同层次大学生先进典型人才的实际发展水平，进而有助于激发和提升不同层次大学生先进典型人才实现"主体发展"的自信。在培育过程中，要考虑到不同层次、不同地域高校大学生先进典型人才面临的各种各样的现实困难和挑战，同时要对他们的发展潜力有一个合理的预期。通过基于"主体发展"的先进典型人才培育过程，既让大学生先进典型人才清醒地认识到自身具备的"主体发展"条件和不足，又引导他们深入思考实现"主体发展"的路径和方法。

（三）坚持综合性和特色性的统一

"主体发展"视域下大学生先进典型人才的素质、能力培养和主体人格的培育过程要坚持综合性和特色性的统一，即大学生先进典型人才的素质、能力培养和思想品格提升要以先进典型人才的卓越发展为根本导向，既要以综合能力培育为基石，又要注重培养创造性特质和创造性思维方式，实现先进典型人才的创新性发展。坚持综合性，最根本的就是要培养大学生先进典型人才的思想政治素质和团队发展能力，让他们有责任感，善于谋划全局，能够驾驭新形势下遇到的各种复杂局面，保持中国特色社会主义先进典型人才的本质。坚持特色性，就是要不拘一格培育先进典型人才，把先进典型人才的创新素质、创新能力作为突破口，培育的先进典型人才要具有较强的竞争力，能够用创新的模式去解决复杂的道德难题。在大学生先进典型人才培育过程中，坚持综合性和特色性发展的有机统一，就是要把大学生先进典型人才的品德和才干有机统一起来，把大学生先进典型人才的综合素质要求和创新品质要求有机结合起来，培育其卓越品质和创新特质，服务中国特色社会主义创新型国家建设和精神文明建设。综合性要求就是综合素质要求，体现综合素质的一个很重要的方面就是要求大学生先进典型人才要博览群书、全面实践，培养自我健全的主体人格和全面的主体能力，避免出现有才无德或有德无才等情况。大学生先进典型培育的特色性要求就是要注重大学生创新品质、创造精神的培育，挖掘其个性化的核心竞争力。大学生先进典型人才的创新要以基本的能力素质为基础，创新是综合能力发展过程的创新，综合能力是凸显实践创新水平的综合能力，两者彼此融合，统一于培育大学生先进典型人才主体品质的实践过程。大学生先进典型人才既要有宽广的视野、博大的胸襟，又要了解国内外实践创新领域最新的进展和变革，要形成自我独有的主体品格。

三、基于"主体发展"培育大学生先进典型的目标要求

（一）实现大学生先进典型人才创新能力和品格修养的融合统一

大学生先进典型人才培养要"着力提高学生服务国家和人民的社会责任感、勇于探索的创新精神和善于解决问题的实践能力"①。大学生先进典型人才培养的根本标准是德才兼备，大学生先进典型人才创新能力和品格修养的融合统一就是德才兼备培养要求的重要体现。大学生先进典型人才创新能力和品格修养的融合统一，是指在大学生先进典型人才培育过程中，要坚持两条线的衡量标准，一条线是创新能力的培育，另一条线是思想品格修养，两条线的标准缺一不可，相辅相成。一方面，创新能力是大学生先进典型人才培育过程的核心要素，体现了大学生先进典型培养的时代性、发展性和独特性要求，培育过程要把这一标准作为素质、能力培养最终要实现的根本目标。另一方面，大学生先进典型人才的品格修养是基础标准，大学生要在创新能力上实现突破和发展，必须要以优良的思想品格做基础。为人友善、团结合作、勤于奉献的大学生能更快更好地实现创新发展，思想态度不积极、合作交流能力弱、不愿付出的大学生将给自己的创新发展带来种种不利影响因素，影响创新思维火花的激发和创新优良情感

---

① 关于实施大学生教育培养计划的若干意见［Z］．教高〔2011〕1号．

的形成。

实现大学生先进典型人才创新能力和品格修养融合统一的目标需要创新和变革大学生先进典型人才的培养模式，其基本要求如下：第一，要摆正大学生先进典型人才评价中德与才的位置。大学生先进典型人才的评价，"德"是方向，要放在首要的位置，"才"是核心，要放在关键的位置。如果我们培养的"人才"有才无德，那就是"危险品"，才越大，对社会和他人的不良影响就越大；如果我们培养的"人才"有德无才，那是"次品"，这样的"人才"难以发挥引领和带动的实质性作用，不能用"行"去很好地支撑"言"。大学生先进典型人才培养的根本要求是德才兼备，这里的"德"体现了友善、团结、和谐及奉献精神，这些正能量渗透于大学生先进典型人才个人及其团队的创新发展中，展现在其个人及其团队的创新能力和实践品格中①；这里的"才"要体现才华和创造力，"才"的创造品格和创造能力与"德"的正能量相得益彰、相辅相成。第二，要形成大学生先进典型人才创新能力和品格修养融合统一的浓厚氛围。在大学生先进典型人才培养过程中，创新能力和品格修养的融合统一要求发挥榜样示范作用，用一系列德才兼备的先进典型教育引导大学生学习先进典型人才；要积极宣传钱学森、吴大观、罗阳等一大批为祖国建设做出卓越贡献的科技人才的先进事迹，形成学习典型精神、宣传典型事迹的新常态，让爱国奉献、科技创新、和谐统一的科学精神深深植根于大学生先进典型人才的思想和心灵，引导教育这些祖国未来的精英要胸怀远大、视野宽广，心中有祖国、眼里有人民，用创造性品格和创新能力服务于建设中国特色社会主义的伟大实践，为实现中国梦和自己的成才梦努力奋斗。

（二）实现大学生先进典型人才中国情怀和世界眼光的融合统一

当代世界，社会发展日新月异，实践领域的创新更是层出不穷。

---

① 李培根. 工程师教育培养该何以卓越［J］. 中国高等教育，2011（6）.

要在国际竞争的洪流中把握先机、占领高地、形成主导，最关键的是要有高素质创新型国际化先进典型人才。大学生先进典型人才既要有中国情怀又要有世界眼光，两者要实现融合统一，即大学生先进典型人才既要了解中国国情，忠贞爱国，又要了解世界科技发展的前沿态势，吸收借鉴国外科技创新的有益成果，成为具有中国特色品格的国际化创新型人才。我们国家提出了建设创新型国家的创新驱动战略，用创新深化各领域的改革，推动工程科技领域的创新发展。大学生先进典型人才的培育既要重视大学生先进典型的思想政治素质，又要突出他们的国际化工程创新素质，特别是在高校相关专业的国际化认证中要渗透两方面的要求，使我们培养的大学生先进典型既具有中国特色又符合国际化人才的衡量标准。

在大学生先进典型人才素质、能力培养和思想政治教育的互促互动中，贯彻落实大学生先进典型人才中国情怀和世界眼光融合统一的目标，需要满足以下三个方面的基本要求：第一，在培育过程中，要努力把工程创新领域的中国制造、中国创造和世界创造融合渗透到大学生先进典型人才的培养体系中。大学生的中国情怀和世界眼光要在国内外工程创新领域的实践体验中培养，既要彰显中国工程人才的特色和本质，又要体现国际化工程创新人才的特征和趋势，使中国制造走向中国创造，中国创造成为世界创造。第二，在培育过程中，要在国内拔尖创新人才通用标准的基础上，引进国际拔尖创新人才的培养认证体系，通过国内国际的专业认证体系，提升我国大学生先进典型的专业素质、创新水平和品格修养，从而更好地实现大学生先进典型人才中国情怀和世界眼光的融合统一。第三，在培育过程中，要把国情和世情、中国特色和世界发展统一于大学生先进典型人才培养的生动实践。在新时期，国情和世情都发生了变化，大学生先进典型培养要能够彰显"主体发展"，首要的任务就是要适应国情和世情，紧盯时代变化，做好时代的创新标兵，既为建设中国特色社会主义事业努力奋斗，又为世界的和谐发展和创新发展做出应有的贡献。

总之，中国情怀是大学生先进典型人才的价值根基，世界眼光是大学生先进典型人才的发展导向，两者的融合统一将形成共同的合力，推动大学生先进典型人才培养目标的实现。

（三）实现大学生先进典型人才实践能力和思维智慧的融合统一

大学生先进典型人才素质、能力培养和思想品格的提升要坚持大学生先进典型实践能力和思维智慧的融合统一，即在培育过程中，要把理论与实践、理想与现实充分结合起来，用理论指导实践，以理想引领现实，实现大学生先进典型人才思维智慧和实践能力的和谐统一。大学生先进典型人才的实践能力就是解决实践问题的现实能力，包括开拓创新能力、动手操作能力和实践项目的执行能力等。正确的理论推进正确的实践，实践能力的培养只有在科学理论的指导下才能逐步实现。大学生先进典型人才的思维智慧就是其对实践问题和实践方向的理论思考、科学筹划，以及在此基础上形成的符合实践需要的有效思维模式。

在大学生先进典型人才培养过程中，大学生先进典型人才实践能力和思维智慧融合统一的目标要渗透到大学生先进典型的"4C"能力①（confidence 自信力、corporation 合作能力、communication 交流能力、creation 创新能力）培养实践中，其基本要求如下：一是要增强大学生先进典型的实践创新自信心。在培育过程中，要引导大学生先进典型深刻认识卓越工程人才对国家工程创新建设和个人发展的重大意义，坚定"主体发展"的自觉性和自信心。只有思想上认同大学生先进典型人才培养的意义和价值，实践上落实大学生先进典型人才培养的目标和要求，大学生先进典型的"主体发展"自信心才能得到有效维护。坚定的自信心为思维智慧和实践能力的融合统一奠定了坚实的心理基础。二是要营造大学生先进典型人才团结合作的氛围。在培育过程中，大学生先进典型实践能力和思维智慧的融合统一要在团队发展的平台上得到实现、验证，因而要引导大学生先进典型融入团

----

① 袁寿其. 高等工程创新人才培养体系研究 [J]. 高校教育管理, 2009 (5): 80.

队，为团队发展做出积极贡献，以团队合作和交流全面"主体发展"的智慧，全方位提高创新实践的能力。三是要加强大学生先进典型人才指导老师对大学生先进典型人才实践能力和思维智慧的启发引导。培育过程要体现对大学生先进典型人才入校后的启蒙教育的重视。这一点非常重要，高等院校要配备专门的指导老师启发、引导大学生的工程思维及实践创新意识，使大学生形成宽广的思维视野和坚定的实践创新意志。

第二章

素质和能力：
新时代高校辅导员的发展之基

　　高校辅导员是大学生思想政治教育工作的骨干力量，要做好高校辅导员工作，需要具备基本的素质和能力。本章着眼于辅导员的职业素质特别是道德素质的发展现状，提出高校辅导员要扮演好双重角色，把教师和管理者的职责落实到一体化的育人体系当中等观点，强调高校辅导员要具备学习能力、教育引导能力、组织管理能力、语言文字能力、教学研究能力和创新能力等基本能力，夯实职业发展的基础。

第一节 新时代高校辅导员的职业素质

高校辅导员是离学生最近的人，辅导员的职业素质和形象，深刻地影响着学生的素质和形象。广大辅导员要加强自身的思想政治素质和职业道德修炼，真正成为学生思想问题的解惑者、专业学习的指导者、人生发展的导航者和生活心理的关怀者。

一、 高校辅导员职业素质的内涵、 要求和现状

（一） 高校辅导员职业素质的内涵及要求

职业是社会分工的产物，是人们在社会生活中，为了满足社会生产和生活需要，按照社会分工和生产内部的劳动分工，长期从事的具有专门业务和特定职责，并以此作为主要生活来源的社会活动①。素质是一个人内在的、基本的素养和修为，是其立身之本和成事之基。职业素质则是职业行为中的基本素养和内在修为。那么，高校辅导员的职业素质是指什么呢？高校辅导员具有特殊的使命和责任，其职业素质就是指高校辅导员从事思想政治工作应具备的基本素养和内在修为。2013 年 5 月，教育部思政司正式发布了《高校辅导员誓词》，其内容是："我志愿成为一名高校辅导员，拥护党的领导，献身教育事业，恪守职业规范，提升专业素养，情系学生成长，做好良师益友。为培养社会主义合格建设者和可靠接班人而努力奋斗！"由此我们得以明确，高校辅导员从事着伟大的事业，是学生的人生导航者，导航即把握方向。人生的导航，是对人生方向的把握。如果方向发生偏移，个人的发展从何谈起？从这个角度上讲，辅导员工作的重要性不

---

① 邱柏生. 新形势下高校辅导员队伍建设的老议题和新意境［J］. 高校辅导员，2017（2）：3-7.

言而喻。今后，辅导员队伍建设的任务将更加繁重，不仅要继续维护政治安全和政治稳定，同时还要保证辅导员教育、管理和服务大学生的日常事务的正常运作，注意队伍建设的专业化、职业化发展要求①。因此，辅导员职业素质的高低十分重要。要做好学生的"人生导航者"，辅导员应具备非常高的职业素质，辅导员要具有大局观、坚定的信仰和"舍小我，成辅导员"的奉献精神，要有把握学生思想动态的能力、职业规划的能力，以及对学生的掌控力、影响力和号召力。高校辅导员具有双重身份，既是教师，又是管理人员，这对辅导员提出了特别的要求。具体如下：

（1）高校辅导员要有教师的基本素质

高校辅导员是高校教师队伍的组成部分，因此辅导员必须具备教师的基本素质，即掌握一定的教育方法和教育学的基本原理与知识，掌握心理学的基本原理，以及从事教育工作所应具备的基本写作水平、电脑应用水平、语言沟通素质、组织管理才能等，能熟练运用因材施教、因人而异的教育方法，既要能在学生群体中展现自己的所长，又要善于对学生个体加以教育和引导。

爱心、恒心和耐心，是每一位人民教师应具有的品格，辅导员也不例外。爱心要求辅导员能热爱每一个学生，平等地对待每一个学生，不能有所偏颇，有失公允。对待每一位学生要一视同仁，要言之有爱，行之有爱，既要能爱到点上，更要能掌控爱的分寸，用自己的爱去影响学生。恒心表示辅导员无论面对何种问题，无论面对怎样的学生，无论面对多大的困难，都要将工作坚持不懈地做下去，慎终如始。耐心是指辅导员在学生倾诉的时候，要有耐心去倾听，这是与学生深入交流的前提和基础，同时还要耐心去分析问题，寻找解决问题的关键，把握解决问题的分寸。所谓"欲速则不达"，失去耐心、急于求成反而会造成工作的被动与失误，甚至酿成大错，也会失去学生

---

① 李鹏林，主编. 大学生职业生涯规划与就业指导［M］. 北京：中国农业大学出版社，2015：99.

的认可与支持。

（2）高校辅导员应具备高等教育管理者的基本素养

2014 年 3 月，教育部在《高等学校辅导员职业能力标准（暂行）》中指出，高校辅导员是履行高等学校学生工作职责的专业人员，要经过系统的培养与培训，具有良好的职业道德，掌握系统的专业知识和专业技能①。由此可以看出，高校辅导员是高等教育工作者群体的重要组成部分，对学生的成长成才有着重要影响。这个职业在高校中有其特殊性：辅导员本身既是教师，又是管理者，具有双重身份，这决定了其从事的工作需要专业知识和素养。高校辅导员从事学生的思想教育工作，具体体现在日常的学生管理、学生服务、学生培养过程之中。

目前，社会对学生的综合素质要求不断提高，高校学生管理工作的分工也被不断细化，对辅导员的职业素质和工作能力提出了较高的要求。高校辅导员要具有较强的观察力，及时了解学生中存在的问题，从而第一时间解决问题；要具有较丰富的心理学知识，在与学生的交往过程中掌握主动权，进行心理疏导；要具备较强的管理能力和组织能力，这样才能有利于组织开展丰富多彩的活动，掌控活动局面，取得预期成效，不断繁荣校园文化。

（二）高校辅导员职业素质的现状

高校辅导员职业素质的提升需要一个长期的过程，从目前情况看，部分辅导员与高校辅导员应具备的基本素质要求还有较大的差距，主要表现在以下几方面：

（1）专业素质不够完备

第一是知识面不够广博，缺乏综合运用知识的能力。辅导员除了要具备思想政治教育专业基本理论、基本知识、基本方法及法律法规知识之外，还要具备其他学科的宽广知识储备，了解哲学、政治学、

---

① 高等学校辅导员职业能力标准（暂行）[Z].教思政〔2014〕2 号.

教育学、社会学、心理学、管理学、伦理学、法学等学科的基本原理和基础知识。尤其是一些非师范专业的毕业生，他们没有系统学习过教育学、心理学知识，缺乏这方面的知识基础。第二是知识更新意识、创新意识不强。在社会转型期，大学生、辅导员都会遇到前进中的问题，这其中有社会的、经济的问题，更多是思想观念、价值观的问题，辅导员若不具备一定的理论素养和较全面的知识结构，是不可能有效解答学生的困惑的。辅导员的专业素质是有效开展工作的强有力保证，是在学生中树立辅导员形象的重要条件①。这种专业素质上的缺失是影响良好心理素质形成的重要因素。

（2）工作能力不够全面

一是运用教育科学知识开展思想工作的能力弱，缺乏针对学生身心特点与思想发展水平的综合性思想工作能力。二是科研意识不强、科研能力较差，缺乏对学生思想问题的洞察力，对学生中的新问题缺乏敏感性，难以准确捕捉问题的实质、掌握教育时机。三是缺乏挑战意识与创新精神。此外组织管理能力也有待于进一步提高，主要表现在方法上欠妥和教育技能不足。

（3）事业心不够坚定

部分高校中，有的辅导员过于看重个人前途、待遇，欠缺事业心和奉献精神。个别辅导员认为学生工作琐碎烦心，甚至经常出现寻机换岗的想法，影响了职业发展。

二、 高校辅导员应具备的职业素质

高校辅导员的职业素质主要包括六个方面，即思想政治素质、道德素质、业务素质、心理素质、创新素质、科研素质②。从广义上讲，能力也是人的一种素质，因而也可以说辅导员的职业素质中有职业能

---

① 华秀梅. 高校辅导员职业素质期待、现状及培养对策 [J]. 高校辅导员，2011（1）：70 – 72，77.

② 高等学校辅导员职业能力标准（暂行）[Z]. 教思政 [2014] 2 号.

力的成分。

（一）思想政治素质

思想政治素质是指一个人的思想意识、道德行为、政治态度、法纪素养等符合时代特征的基本品质，是其政治观、人生观、价值观、道德观的综合体现。高校辅导员要具备较高的思想政治素质，原则上应是中共党员或预备党员。高校辅导员必须忠诚于党的教育事业，必须要有为培养社会主义事业建设者和接班人持续奋斗的满腔热忱。政治性是辅导员工作的根本属性，思想政治教育工作是高校辅导员工作的重点内容，高校辅导员是学生政治上的向导、思想上的益友、道德上的楷模①。辅导员只有主动学习了解新时期党建的新要求、新政策，才能在新形势下更好地为学生答疑解惑，在思想上给学生以引导。高校辅导员需要引导学生加强对马列主义、毛泽东思想、中国特色社会主义理论体系等基本理论的学习，强化对学生的理想信念教育，帮助学生树立正确的世界观、人生观和价值观。高校辅导员自身政治素质的高低对于辅导员工作的成效起着关键作用。具体要求是：

（1）要具有较高的马克思主义理论素养

要掌握马克思主义基础理论和基本知识，具体包括马克思主义基础理论体系和历史发展、马克思主义在中国的运用和发展、马克思主义与时俱进的理论素养等，能用马克思主义立场、观点和方法，指导自己的工作、学习、生活，自觉地培养科学的世界观、人生观和价值观。高校辅导员的工作对象是高校学生，大学阶段对于这些学生来说正是世界观、人生观和价值观逐步走向成熟和完善的重要阶段，在这一阶段中，学生面对的环境纷繁复杂，思想也比较活跃，容易受到各种各样的影响，因此，辅导员对于学生思想、政治方面的教育引导就显得格外重要。对于一个教师而言，要给学生一碗水，自己至少要拥有一桶水。辅导员要引导学生朝着正确的方向发展，首先必须不断加

---

① 孟祥栋. 高校辅导员党建工作胜任特征分析——基于辅导员职业能力标准视角[J]. 高校辅导员，2016（2）：16，19.

强政治理论的学习，提高自身的思想理论水平，运用系统、科学、扎实的马克思主义理论知识来教育和指导学生，帮助学生解决思想政治方面的问题，使学生拥有正确的理论指导和坚定的理想信念。

（2）要具有较高的思想觉悟和道德水平

政治理论水平的高低并不能完全决定辅导员工作的成效，理论要对实际发挥作用的关键还在于运用，理论运用过程中一个重要的问题就是思想觉悟和道德品质问题。高校辅导员只有通过自身的思考，将理论上升为行动的指南，才能让理论指导实践。对于辅导员工作来说，认真学习相关的政治基本理论是提高辅导员政治素质的基础，只有在拥有扎实理论的基础之上积极思考、认真领悟，使理论真正成为推动实践的动力，才能真正提升辅导员的政治素质。辅导员工作更多时候靠的是言传身教，即辅导员通过自己的言行以身作则，发挥榜样作用，因而在辅导员言行中所体现出来的思想境界和道德水平对学生工作而言是一种直接而有力的示范性教育。辅导员在工作中应当注重加强自身的修养，培养良好的品德风范和工作作风，发挥表率作用。

（3）要具有强烈的进取心、事业心和社会责任感

高校辅导员要能以共产党人的先进性标准规范自己的思想和行为，具有共产主义的理想和社会主义信念，愿意为党的事业奋斗终生，了解社会的历史发展和当代世界特征，热爱马克思主义和思想政治教育事业，努力学习马克思主义和党的理论，自觉维护社会和学校稳定，坚定支持学校的社会主义办学方向，有政治育人的自觉性和敏锐性，自觉地抵制社会不良风气对自己、对学生的渗透和影响。

（4）要具有较强的法治意识和组织纪律观念

要时刻警惕，遵守党纪国法，积极履行公民义务，遵守学校的纪律制度，筑牢廉政防线，保证清正廉洁，绝不做有违法纪、损人利己的事情。辅导员只有以身作则、以上率下，严格自律，才能在教育过程中引导学生时更有底气，说出来的话、讲出来的道理、做出来的事才更有说服力和公信力，才能让遵纪守法的种子在学生的心中生根发芽，培养出更为优秀的时代英才。

（二）道德素质

道德素质是一个人在道德上的自我修养，以及由此达到的较高的道德水平和道德境界。高校辅导员的道德素质是辅导员从事思想政治工作的道德认识和道德行为水平的综合反映，包括辅导员的道德修养和道德情操，体现着辅导员的道德水平和道德风貌，主要侧重于品德行为和人格特征层面[1]。具体要求是：

（1）爱国奉献

以社会主义的道德要求规范自己、要求学生，具有爱国主义道德情感和集体主义精神，个人利益服从集体利益。

（2）乐于助人

具有为人民服务和助人为乐的高尚品德，育人的责任感强，关心、尊重、热爱学生。

（3）热爱教育

具有崇高的教师职业道德，热爱教育事业、爱岗敬业、忠于职守、勤于学习、德才兼备，在教育过程中以身作则，严于律己，身教与言教相结合。

（4）人格高尚

重视教师人格的影响力量，以自己的高尚品格影响学生，不断加强人格修养，具有献身精神、诚信品质、创新思维和协调能力，在道德和人格方面为学生做出表率。

（5）知行合一

树立正确的权利观、义利观和社会主义荣辱观，践行"八荣八耻"，坚持教育公正、教育民主，知行合一，用行动践行教育初心。

新时代社会的发展对高校学生提出了更高的要求，高校辅导员的职业道德也显得愈加重要。因此，加快形成职业道德标准的共识，以及职业道德培育的相关机制和路径就显得极为重要。此部分内容将在

---

[1] 王传中，朱伟，编. 辅导员工作指南［M］. 武汉：武汉大学出版社，2009：22.

后续内容中予以深入阐述。

（三）业务素质

业务素质是从事业务工作的人员在完成业务活动的过程中所具备的综合能力。辅导员工作涉及学生事务的各个方面，辅导员在实际工作中会面临各式各样的问题，要处理好这些问题，就需要辅导员具备扎实的业务功底，拥有丰富的知识储备，并且善于灵活运用知识①。一个优秀的辅导员，除了政治素质过硬之外，业务素质也要过硬。辅导员必须通过日常学习完善自身的知识结构，提升业务素养。辅导员应当掌握的知识主要有以下几个方面：

（1）与思想政治教育相关的知识

与思想政治教育密切相关的学科如教育学、社会学、心理学、伦理学等。辅导员工作中一个重要的内容就是对学生进行思想政治教育。辅导员必须明确思想政治教育的目的和意义，掌握更好地开展思想政治教育工作的方法和路径。部分高校开设有思想政治教育专业，辅导员应当系统地学习相关知识；辅导员还应当学习与思想政治教育原理和方法相关的一系列人文学科知识，比如美学、哲学等与人的研究相关的学科知识，辅助辅导员加深对思想政治教育工作的理解和掌握。

（2）与专业指导相关的知识

辅导员应当学习与所在班级学生专业相关的基础知识，从而方便了解学生的学习情况，有针对性地对学生开展专业学习方面的辅导工作，增进与学生之间的沟通和交流，方便学生工作的开展。此外，辅导员还应当随着时代的发展，尽可能地掌握一些其他方面的知识，比如与学生兴趣爱好相关的文艺、体育、历史、科技等方面的知识，这些知识可以在辅导员与学生的沟通过程中提供帮助，再比如互联网知识，如校园 BBS、网络博客等相关知识。辅导员必须认真学习和掌握

---

① 王传中，朱伟，编. 辅导员工作指南［M］. 武汉：武汉大学出版社，2009：20.

相关基本知识，才能够跟上时代的步伐，更好地开展学生工作。

（3）与工作方法相关的知识

在夯实知识基础的同时，辅导员也要注意如何将知识灵活运用到实际工作中，要讲求知识运用的方法和技巧，切忌生搬硬套，要结合具体情况综合运用各种知识。只有单纯的知识储备而不懂得使用技巧，一个人即使懂得再多的知识也不能提升素质和能力，知识、素质和能力对于一个辅导员来说是缺一不可的，是一个连贯的整体。

辅导员应该以高标准要求自己，努力成为学生心中的道德标杆，成为学生正确行为的引导者、良好品德形成的指导者。辅导员之德应该是学生能够听在耳里、看在眼里、记在脑里、认可在心里的优良之品德。辅导员应该是学生愿意、乐于且能够去争相效仿的人生榜样。

（四）心理素质

心理素质是指在遗传基础上，人的心理经过后天环境的熏陶和教育之后所具有的实际发展水平和潜力，包括能力水平和个性特质两个方面。辅导员工作具有复杂性、繁琐性，还不时会遇到一些突发事件和危机事件，这些都要求辅导员必须具备良好的心理素质。心理素质是一个人的基本素质，也是衡量个人素质高低和个人能力大小的重要因素。心理素质较好的人，面对各种问题时能够处变不惊，通过自己敏锐的观察之后，能切实发现问题的症结所在，并采取正确的方法去解决问题。对于辅导员而言，具有良好的心理素质尤其显得重要①。参与学生的心理辅导是时代赋予辅导员的使命，国家相关职能部门也有相关的文件规定。辅导员工作的特性要求辅导员在工作中必须具有乐观开朗的性格、诚实稳重的个性和坚韧不拔的品质。一个性格开朗的辅导员能够更好地和学生相处，更容易成为学生的朋友和知心人，也能够更好地掌握学生的具体情况，从而有针对性地开展学生工作。诚实的辅导员能得到学生的认同，稳重的辅导员能获得学生的信任，

---

① 李铁. 高校辅导员素质与思想政治工作探索 ［M］. 成都：电子科技大学出版社，2017：76.

坚韧不拔的辅导员能赢得学生的尊重。辅导员的心理素质在很大程度上影响着辅导员工作的成效。

一个优秀的辅导员还要能够自如地进行自我控制和适时转换，在日常事务中要懂得情绪情感产生的机制、特点、功能及正常值，了解自己情绪情感发生发展的特点、水平和规律，学会一些调控的手段和方法，形成良好的情绪反应能力和适宜的宣泄方式①。在纷繁复杂的问题已经把自己弄得头昏脑涨的时候，辅导员要能够很好地进行自我心理调节和情绪调整，以饱满的热情继续面对问题。在遇到突发性问题和危机的时候，辅导员要临危不惧、处变不惊，做好维护稳定工作的同时积极寻求办法化解危机。

在实际工作中，辅导员要注重加强自身心理素质的磨炼，在做好理论学习的同时更要注重对实践经验的总结和积累，在工作经验增加的同时提升个人的心理素质。一是完善的自我意识，正确认识辅导员角色；二是广泛的兴趣、爱好，积极参加学生活动及社会活动；三是较强的责任心、事业心，专注于工作和学习的坚强意志；四是协调的行为特征，与他人及社会环境和谐相处的情绪情感；五是较高的自信心和接受现实挑战的勇气。

（五）创新素质

创新素质是指人在先天遗传素质基础上，经过后天的环境影响和教育塑造所获得的在创新活动中必备的基本心理品质与稳定特征。知识经济时代的发展要求高校必须培养创新型人才。习近平总书记指出："世界每时每刻都在发生变化，中国也每时每刻都在发生变化，我们必须在理论上跟上时代，不断认识规律，不断推进理论创新、实践创新、制度创新、文化创新以及其他方面创新。"同样，创新也是学生思想政治工作的生命和动力。辅导员必须具有创新意识和创新精神，不断更新教育观念，转变教育思想，探索思想政治教育的新途径

---

① 肖文娥，王运敏. 论高校辅导员心理素质培养 [J]. 教育研究，2000（10）：28 - 32.

和新方法。在工作中努力求新、创新、出新，做到学习求知有新视野，分析问题有新角度，研究情况有新见解，部署工作有新思路，解决问题有新办法，管理学生有新经验，在学生工作中形成自己独有的风格。

（六）科研素质

科研素质是一个人从事科学研究工作中所具备的基本素质和能力。陈秉公在《思想政治教育学》一书中指出："思想政治教育是一项复杂深奥的工作，只有在已有经验和理论的基础上，经常开展深入细致的科研工作，才能跟上形势的发展，掌握工作的本质和规律，不断开创工作的新局面，忽视科研的人或科研能力较弱的人，往往不能掌握工作的本质和规律，难免陷入经验主义或教条主义。"[1] 科学研究有助于辅导员正确把握新形势下教育对象的变化和特点，学习、吸收古今中外思想道德教育的闪光思想和有益经验，创新应用思想政治教育的方法和规律，增强工作的实效性，并对培育崇尚学术科技的校园文化有潜在的示范和促进作用。

从长远看，辅导员工作应不再是一个短暂停留的驿站和临时工作的岗位。和其他职业一样，辅导员工作也应有鲜明的职业形象、过硬的职业技能和严格的资格认定程序，即辅导员的出路应该是走专业化和职业化之路。因此，辅导员必须具备一定的科研素质，这是提高工作成效的需要，也是辅导员专业化和职业化的基本要求，是立足于学术基础充分发挥育人作用的需要，也是高校辅导员生存和发展的必备素质。

三、高校辅导员的职业道德

（一）职业道德概述

所谓职业道德，是指从事一定职业的人在职业生活中应当遵循的

---

① 陈秉公. 思想政治教育学 [M]. 长春：吉林大学出版社，1992：429.

具有职业特征的道德要求和行为准则。它涵盖了职业人员（即职工）与服务对象、职工与领导、职工与职工、职业与职业之间等多重关系的调整和处理，是在职业生活中普遍存在的一种特有的社会道德现象①。

可见，职业道德属于道德规范的范畴，是人们在相应的职业环境与职业实践中形成和发展起来的。由于从事某种特定的职业的人们有着共同的劳动方式，经受过共同的职业训练，因此往往会产生共同的职业理想、兴趣、爱好、习惯和心理传统，形成特殊的职业责任和职业纪律，从而产生特殊的行为规范和道德要求。职业道德从道义上要求人们以一定的思想感情、态度作风和行为习惯去处事、待人、接物，完成本职工作。这些要求是人们发自内心的要求，具有自觉的性质，突出地表现了人们的品行、人格和精神境界。

职业道德具有特定的适用范围，是人们在职业活动中处理职业内部人与人之间、职业与服务对象之间、职业与国家社会之间关系的道德准则和规范的总和，既是职业范围内的特殊道德要求，也是社会道德在各种职业活动中的特殊表达和具体体现。各种职业由于职业责任和义务不同，也就形成了各自特定的职业道德的具体规范。各行各业也以一定的形式，如公约、规章、职业纪律等向社会和职业内部人员公布本职业的职业规范。

（二）高校辅导员的职业道德规范

高校教师在从业生涯中，必须时时刻刻严格要求自己，注重自己道德意志的锻炼及情操的陶冶，不断更新知识和掌握现代技术，成为一个博学多才、品德高尚的人②。高校辅导员首先是高校的教师。高校辅导员不仅具有高校教师职业的通则要求和特性，还具有管理干部的身份，具体承担着大学生思想政治教育和管理的组织与实施，发挥

---

① 朱平. 高等学校教师职业道德修养［M］. 合肥：合肥工业大学出版社，2005：32.
② 黄林芳. 高校辅导员队伍建设机制论［M］. 上海：上海财经大学出版社，2009：100－102.

着大学生健康教育成长的指导和向导的作用，因此高校的辅导员工作是一项集教育、管理、咨询、研究于一体的混合而又复杂的劳动。辅导员的职业道德既有以教书育人、严谨治学为职责的高校教师职业道德的内容，还因其身份的双重性，具有与专业教师不同的工作职责和不同的职业道德的要求与规范①。高校辅导员的工作有着不同于高校其他工作岗位的特殊性，这一职业岗位的特殊性有以下表现：

（1）高校辅导员工作对象的特殊性

高校辅导员的工作对象是大学生，工作的主要内容是帮助大学生"树理想信念之魂，立民族精神之根"。工作内容要求辅导员的工作必须深入大学生思想实际，知晓大学生成长过程中的世界观、人生观、价值观，帮助他们逐步养成良好的道德秉性和品质。大学生思想活跃、情感丰富，具有独立的人格和涉足社会的欲望，他们并不是完全被动地接受来自于辅导员的"加工"和"锻造"②。大量的社会信息也是他们成长过程中不可缺少的重要因素。

因此，高校辅导员实施教育活动想要收到好的实效，客观上存在着一个前提，即大学生在主观上要愿意并且主动接受辅导员的"教育过程"，倘若我们不是在这个前提下谈论辅导员的教育活动过程及成效，那么辅导员对大学生的教育活动根本无法进行。除此之外，大学生在主观上愿意接受辅导员的施教过程，还有一个关键因素，那就是辅导员要具备一定的个人魅力，要能够让大学生信服，这种信服力来自于辅导员的人格魅力。

（2）高校辅导员工作内容的特殊性

教育部在相关发文中明确了高校辅导员的主要工作职责。工作职责涵盖了8项具体内容，包括理想信念教育、道德品质教育、心理健康教育、社会指导、就业指导、事务管理等。《上海市高校辅导员工

---

① 王贤卿. 论高校辅导员职业首先的原则与规范［J］. 思想理论教育，2008（23）：84－87.

② 黄林芳. 高校辅导员队伍建设机制论［M］. 上海：上海财经大学出版社，2009：102.

作条例》（沪教委德〔2007〕2 号）中也明确了辅导员的工作任务，包括日常思想政治教育工作、专题教育的指导和组织工作、第一课堂和第二课堂的教育教学工作、党团组织和班级建设工作、网络思想政治教育工作、学生生活园区思想政治教育工作、帮困育人工作、大学生职业发展教育工作、大学生心理健康教育工作、学生事务管理工作、校园和谐安全与稳定工作、自身素质提高及德育研究等，涉及十多条具体内容。从这些职责的内容来看，辅导员工作内容多、范围广、过程复杂，有别于一般的高校教师工作。

高校辅导员的工作内容决定了辅导员职业人格的定位，辅导员工作必须依靠其自身良好的职业道德素养来赢得学生的尊敬及爱戴。如果一个辅导员没有最起码的职业道德操守，将会严重贬损自身的人格尊严，玷污高校辅导员职业的形象。辅导员良好的职业道德素养能直接作用于学生心灵深处，对学生的性格和品质产生重大的影响。

（3）高校辅导员工作方式的特殊性

高校辅导员与学生的交往和对学生进行教育的形式不再是个体与群体之间的互动，也不是完全以教师一方为主导的教育形式，更多的是一种个体与个体之间的、双主体的交流形式①。而教育的形式也不再局限于课堂、讲座等正式的教育形式，而呈现出多样化的趋势，包括学生活动、谈心等方式，寓教于无形，工作与一般高校教师相比更加丰富多样。

辅导员工作方式的特殊性决定了辅导员自身的职业道德素质是教育实践活动顺利有效进行的重要调控机制。教师的劳动过程难以从数量、实物形态和具体指标上进行有形考核。一个工厂的工人一小时生产了多少零部件，其中有多少优等品、多少合格品、多少次品，可以通过一定的技术手段予以精准认定，从而对其劳动质量的优劣做出评估，但辅导员的劳动过程却很难做到这一点。我们很难对辅导员给予

---

① 黄林芳. 高校辅导员队伍建设机制论［M］. 上海：上海财经大学出版社，2009：103 – 106.

学生的热爱和关心程度予以数量上的精准评价。辅导员工作方式的特殊性说明辅导员在从事教育实践活动的过程中，要确保这一过程最终收到最佳的教育效果，辅导员自身的职业道德素养也是一个不可回避的关键因素。

辅导员身份与劳动的特殊性，决定着辅导员职业道德的内在规定性。从当前辅导员的实际情况来看，辅导员的职业道德规范应该包括以下四个方面的内容：

（1）反映和调整辅导员与国家社会关系的规范

这个方面涵盖依法从教、政治过硬、立德树人等内容。具体如下：

① 立德树人

高校辅导员应以"立德树人"为主要任务，深入大学生思想实际，通过日常思想政治工作、专题教育、课堂教育等，帮助大学生树立正确的世界观、人生观、价值观，养成良好的道德品质。

② 政治过硬

高校辅导员是开展大学生思想政治教育的骨干力量，工作具有较强的政治色彩，辅导员在教育实践中应全面贯彻党的教育方针和教育政策，以树立社会主义核心价值观为根本，培养、造就有理想、有道德、有文化、有纪律的社会主义建设者和接班人。

③ 依法从教

高校辅导员要忠于职守，自觉按照《教育法》履行教师职责，遵守法律和学校的规章制度，遵守和执行我国《宪法》《教育法》《高等教育法》等法律和相关政策。

（2）反映和调整辅导员与学生关系的规范

这个方面涵盖以学生为本、热爱学生、为人师表等内容。具体如下：

① 以学生为本

高校辅导员是高校学生思想政治教育工作和管理工作的组织者、实施者及指导者，在教育实践中应以学生为本，时时、事事把学生利益放在最前面，最大限度地发展工作，把培养学生、促进学生作为辅导员工作的最基本要求。

② 热爱学生

高校辅导员应成为大学生的人生导师和健康成长的知心朋友，要树立"热爱学生、服务学生"的思想，在工作中对学生既要关心帮助，又要严格要求，在关心人、帮助人中教育人和引导人。一方面，高校辅导员要爱护、了解、关心、信任、理解、尊重每一位学生，做学生的知心朋友，建立平等、和谐的师生关系；另一方面，要严格、科学地要求学生，不迁就，不放任，不溺爱，用法纪约束学生。

③ 为人师表

高校辅导员在工作和生活当中应成为学生的表率，以德施教，严格自律，待人热情，举止文明，仪表端庄，语言规范，用自己的心灵美和外表美去陶冶学生，在各方面成为学生的表率。

（3）高校辅导员与参与教育活动的其他相关主体关系的规范

这个方面涵盖团结协作、顾全大局、尊重家长等内容。

① 团结协作

高校辅导员之间要互相尊重、取长补短，互相支持、团结协作，通过相互学习实现素质的互补，通过相互交流实现互学共进，通过相互评价实现共同提高。只有建立和谐的同事关系，提高自身的各方面能力与水平，才能更有效地开展工作。

② 顾全大局

高校辅导员必须关心集体，顾全大局，严格地遵纪守法，妥善地处理各种矛盾，自觉维护集体的利益和团结，积极地参加集体活动，通过集体实现共同进步。

③ 尊重家长

高校辅导员要尊重学生的家长，要主动与学生家长沟通和交流情况。交往中要文明礼貌、平易近人、尊重理解、携手合作、齐心协力，共同为大学生的成长营造良好和谐的氛围和环境。

（4）反映辅导员内在品质方面的规范

这个方面涵盖爱岗敬业、无私奉献、不断钻研等内容。

① 爱岗敬业

高校辅导员要把自己的职业当作一项崇高而神圣的事业，尊重和敬爱自己的职业，乐于从教、尽职尽责、艰苦奋斗、兢兢业业，不断地勉励自己，克服一切困难履行自己的职责，做好本职工作。

② 无私奉献

高校辅导员应发扬为社会主义教育事业无私奉献的精神，忠于党和人民的教育事业，立足本职工作，发扬克己奉公、大公无私、苦干实干、不计报酬、争做贡献、甘为人梯、全心全意为学生服务的精神。

③ 不断钻研

辅导员要主动掌握大学生思想政治教育方面的理论与工作的方法，不断提高自身水平；定期开展相关工作调查和研究，分析工作对象与工作条件的变化，及时调整工作思路和工作的手段，掌握工作规律，有针对性地开展大学生思想政治教育的研究工作。

（三）高校辅导员的职业道德教育

高校辅导员职业道德建设是一项系统工程，在实际工作中，应该把道德教育、道德评价、道德监督和道德激励有机地结合起来，构建一套相对完整的辅导员职业道德建设体系、培育辅导员职业道德建设的运行机制，逐步完善辅导员职业道德的建设工作，全面提升高校辅导员的职业道德素养①。

1. 高校辅导员职业道德教育的内容

加强高校辅导员职业道德规范的学习、开展辅导员职业教育是提高高校辅导员职业道德水平的前提。学校要将辅导员职业道德规范的教育纳入日常教育工作中，要求辅导员自觉地加强职业道德规范的学

---

① 黄林芳. 高校辅导员队伍建设机制论 ［M］. 上海：上海财经大学出版社，2009：110－111.

习，领会辅导员职业道德规范的内涵和要求，自觉运用规范约束自己的教育活动，不断提高思想政治素质和职业道德素质，形成系统的辅导员职业道德教育机制。要从当前辅导员队伍建设的实际情况出发确定辅导员职业道德教育的基本内容。概括辅导员工作的特性和工作的基本内容，我们认为，高校辅导员工作的职业道德教育的内容应包括：树立社会主义核心价值观和正确的人生观；注重教育科学基础理论、一般原理和原则的学习和培训；学习相关的法律法规，知法懂法，依法执教；建立健全辅导员工作职业道德的规范和制度，强化职业道德建设的"刚"性；引导辅导员爱岗敬业，激活他们工作的热情及内在情感；创造"以老带新"的工作环境，强化培养主动的角色意识。

2. 高校辅导员职业道德教育的任务

高校辅导员职业道德建设的主要任务是使辅导员自觉遵守职业道德，并将其体现在育人的全过程中。因此，辅导员职业道德的教育工作，应该纳入学校整体工作的范围之内，融入到辅导员上岗前的培训和岗位轮训的学习中去，成为高校的常态工作。学校要通过岗前培训提高辅导员角色转换的认识，让其明确为人师者的具体要求，特别是职业道德方面的要求。学校还要建立定期的学习制度、宣传制度和谈话制度，定期开展诸如报告会、专题讲座、讨论会等形式的学习活动，使辅导员职业道德的教育常规化、常态化。

3. 高校辅导员职业道德教育的方法

高校辅导员职业道德教育的方法主要有宣讲教育法、宣传教育法、榜样教育法、谈话教育法等。宣讲教育法是指利用各种集体形式讲解辅导员职业道德规范的具体要求和典型案例，如大型报告会、演讲比赛、专题讲座和培训活动等。宣传教育法是指利用黑板报、宣传栏、广播、电视、互联网、出版物等进行宣传，包括宣传政策、宣传典型、案例警示等。榜样教育法是指通过典型示范优秀辅导员的良好职业品质和模范行为影响受教育者职业品德和行为的方法。运用榜样教育法要采取辅导员喜闻乐见的形式，宣传榜样，营造声势，激发学习榜样的积极性、自觉性。谈话教育法是指针对个别辅导员的表现进行个别谈话，针对具体问题分析其危害，提出改进建议。谈话教育法针对性强、效果显著，辅导员易于接受。

（四）高校辅导员的职业道德评价

1. 辅导员职业道德的评价制度及标准

辅导员职业道德的评价是指从社会或教育伦理的角度对辅导员的言行及其品质进行道德价值的衡量或判定[①]。建立和完善辅导员职业道德建设的评价机制，需制定辅导员职业道德建设的具体实施方案，建立健全相应的规章制度，如实施细则、教育制度、违纪处理规定和预防机制、评价细则、师德师风反馈制度等。要有专门的负责人和相关的工作人员，通过多种途径和方法，了解辅导员工作职业道德履约的实际情况。其评价标准可以分为一般标准和最高标准。一般标准就是善恶标准。区分辅导员行为的是非善恶有两个要点：一是要看辅导员的行为是否符合社会发展的趋势和客观要求。凡是有利于推动教育事业发展、有利于为现代化建设培养合格人才的行为，就是善的；反之，就是恶的。二是要看辅导员的行为是否符合职业道德规范的要求。凡是有利于正确处理立德树人过程中各种矛盾、有利于育人的行为，就是善的；反之，就是恶的。辅导员职业道德评价的最高标准就是马克思主义伦理思想的至善标准，即善在利益目标的价值取向中最终指向了人的全面发展的要求。具体可以从两个层面来把握：一是辅导员工作中的道德行为和品质是否有利于大学生的全面发展；二是教育活动中要求的道德行为和品质是否有利于个体和社会的协调统一及全面发展。

2. 高校辅导员职业道德的评价机制

高校辅导员职业道德的评价机制，是辅导员工作综合评价机制的一部分。高校辅导员职业道德的评价与辅导员工作的综合评价，具有

---

① 黄林芳. 高校辅导员队伍建设机制论［M］. 上海：上海财经大学出版社，2009：112.

同样的目标和功效。建立辅导员工作职业道德的评价机制，有助于唤醒辅导员内心的道德良知，促进辅导员道德人格的升华，从而激活辅导员工作的热情和激情，使辅导员在了解自己的基础上，能够不断地超越自己，一心一意地献身于自己所认定的崇高事业。高校辅导员工作的职业道德评价，是维护职业道德原则和职业道德规范的重要保障和必要环节，也是职业道德规范由他律转化成辅导员自律的重要途径，有助于促进辅导员职业道德品质的形成和发展。

（1）高校辅导员职业道德的督查机制

高校辅导员职业道德的督查，是指通过各种途径准确反映辅导员职业道德建设中辅导员履行职责的行为表现状况。工作的督查机制也常称行风督查。辅导员职业道德的督查能够产生双重作用，即挖掘优秀师德典型和发现、查处违规师德事件。这是高校辅导员职业道德建设的保障和制约机制。高校辅导员职业道德督查的主体是教育行政部门和学校，辅导员职业道德督查的重点是辅导员跨越师德底线的行为。

一是高校辅导员职业道德督查工作行为的常态化。辅导员职业道德的督查要形成常态化机制，要将督查工作纳入各级教育管理部门与学校的日常工作之中，层层督查，块块落实。各级教育管理部门和学校要配备专门的部门和专职人员，有计划、有步骤地开展督查工作。值得注意的是，督查工作不能想到就做，不想做就扔在一边。建立辅导员职业道德督查工作的常态化机制，就是要求将督查工作纳入常规的年度工作计划，精心地安排好每一个督查的工作环节。辅导员职业道德的督查工作常态化，既可以为发掘优秀典型创造一定的工作条件，又可以在这个过程中及时发现问题，并在提醒辅导员时刻注意自己言行的同时调整学校的工作。

二是高校辅导员职业道德督查工作路径的多维化。辅导员职业道德的督查工作应坚持多途径的原则。通过信息化的手段，建立多个督查工作的信息平台，利用所收集的信息，对辅导员的职业道德情况进行跟踪分析。工作中要注意督查的重点，切实把握问题的实质。

三是高校辅导员职业道德督查工作方法的多样化。辅导员职业道德督查工作的方法主要有工作督查、社会舆论监督、互相监督等。工作督查是指通过工作检查的方式对辅导员职业道德表现情况进行监督，这是辅导员职业道德监督工作的主要途径。具体方法主要有工作总结、工作检查等。社会舆论监督是指通过新闻媒体、家长或其他渠道了解有关辅导员职业道德建设的状况。社会舆论监督能够引起社会的广泛关注，在起到扬善抑恶作用的同时，对各级教育管理部门和辅导员个人也都有督促和警示的效果。互相监督是指工作中应经常性地开展与职业道德相关的批评和自我批评，保持信息渠道的畅通。辅导员工作应建立在诚信的基础上，各辅导员之间互相勉励，互相帮助。善于发现团队其他成员工作中的优秀之处；对于同伴工作中的违规表现，知情者也要及时反映，便于教育和纠正，不断提高职业道德修养水平。学生监督是指通过学生座谈会、个别访谈、书信、电话、问卷等不同方式多方面听取学生对辅导员职业道德的评价，及时发现辅导员中的优秀典型或不良行为。

（2）高校辅导员职业道德的激励机制

高校辅导员职业道德激励也是辅导员工作考核机制中的重要内容。激励的目的在于鼓励辅导员向崇高的目标努力，推动辅导员在从教、施教的过程中按照职业道德的规范要求自己，追求崇高境界，培养优良品质①。

一是科学制定高校辅导员职业道德激励的目标。良好的职业道德养成，是一个循序渐进的过程。管理者设计辅导员职业道德建设的具体目标时，应遵从循序渐进的原则。目标要具有科学性、挑战性、层次性和调适性，对辅导员而言是可望而又可即的。如果目标高不可攀，经过努力也难以达到，则激励失去效用，易使辅导员产生挫败感，工作产生畏难情绪，以致无所适从；但如果目标过低，则会造成盲目乐观，不利于充分激发辅导员的潜能。只有制定科学合理的高校

---

① 黄林芳. 高校辅导员队伍建设机制论［M］. 上海：上海财经大学出版社，2009：115.

辅导员职业道德培养目标，才能达到预期的目的。

二是明晰高校辅导员职业道德激励的原则。高校辅导员职业道德建设要坚持精神激励为主、物质激励为辅，个人激励和集体激励相结合，奖励为主、惩罚为辅的原则。物质激励是师德激励的基础，无论多么优秀的辅导员都有正常的物质需要，国家、社会、学校要为每一位辅导员解除生活的后顾之忧，让他们全身心地投入工作，师德优秀的辅导员也不例外。但物质激励是短暂的、外在的，精神激励是持久的、内在的。运用精神激励，通过给予肯定、表彰、授予荣誉称号等方式表彰先进典型，以此调动高校辅导员的积极上进的激情。个体激励是对辅导员个人实施的激励措施。集体激励是对团队建设的一种鼓励和激励。个体激励强调个人努力，对辅导员工作的事业心有强烈的刺激作用，能鼓励辅导员工作过程中的进取心和责任感。集体激励能增进集体的团结和协作，增强集体荣誉感。辅导员职业道德的激励要坚持奖励为主、惩罚为辅的原则。奖励对辅导员职业道德的建设工作能够起到正向的激励作用，促使辅导员在工作中更加注重道德规范要求，其正向思想和行为得到加强、保持、巩固和推广。惩罚是负向的手段，在使用的过程中，要注意运用的分寸，左右偏颇都会使我们的工作变得被动。但对职业道德缺失的行为，必须进行惩罚，这能促使辅导员的不符合道德规范的思想和行为得到控制、减弱直至消除和矫正。

三是掌握高校辅导员职业道德激励的方法。辅导员职业道德激励的方法是多样的，主要有精神激励法、物质激励法、目标激励法、反思激励法和榜样激励法。精神激励法是指管理者用自己的信任、支持、尊重、关怀等情感和一视同仁、公平合理、奖罚分明的态度对辅导员的工作表现进行激励的方法。与有形的物质相比，无形的情感所产生的作用更为持久。精神奖励法的具体措施有肯定、表扬、先进评选、升职等。物质激励法能营造辅导员立德的良好氛围。对受到学生广泛喜爱、具有良好职业道德的优秀辅导员予以物质奖励能提高受奖者的工作积极性。物质激励要有一定的力度。物质激励措施有正常晋升工资、提前晋升工资、加级加薪、发放奖金等。制订工作目标，随时给予辅导员奋斗的力量。当工作目标成为个人职业的追求时，这种目标感和追求无疑会给辅导员的个人发展增添内化的力量，并成为辅导员工作和生活中的精神支柱，并不断推动和鼓舞辅导员朝着既定的奋斗目标前进，帮助辅导员不断进行反思，让辅导员在挫折中成长与成熟。辅导员在职业道德自我修养的过程中，遇到困难和障碍是在所难免的事情。管理部门应及时帮助辅导员调整情绪，使其尽快地从挫折和失败中进行反思，适时地总结经验和教训，提高其抗挫折的能力，使其逐步成熟起来，继续向成功的目标逼近。运用榜样的力量激励辅导员，对表现突出的辅导员，应及时给予充分肯定。树立先进典型，抓好正面宣传，以此为突破口，充分发挥榜样的带头、示范和激励作用，由典型带动全体共同进步。榜样激励的措施有开表彰会、媒体宣传、网络宣传、开报告会、开宣讲会等。

3. 辅导员职业道德的评价方法

辅导员职业道德评价方法有自我评价、学生评价、社会评价①。

（1）自我评价

自我评价是指辅导员依据一定的道德评价标准，对自己行为的善恶进行鉴别、评判的一种方式。辅导员对自己的行为做出严格公正的评价需要勇气和自我解剖的决心，因此自我评价的过程同时也是一个自我教育的过程。

（2）学生评价

学生评价是指学生依据辅导员职业道德的要求和规范，对辅导员的行为予以判断的一种道德评价方式。大学生是辅导员工作的具体对象，来自于他们的评价，实际上是一个特定范围内的最真实的社会评价，也是辅导员职业道德反馈最直接的途径之一。

（3）社会评价

社会评价主要指社会各界和学生家长通过书面、口头或其他的方

---

① 黄林芳. 高校辅导员队伍建设机制论［M］. 上海：上海财经大学出版社，2009：113.

式对辅导员进行的职业道德评价。

第二节　新时代高校辅导员的职业能力

能力是以人的生理和心理素质为基础，在认识和实践活动中形成发展起来的胜任某项工作或任务的能动力量，是体力和智力的有机结合、物质和精神的动态统一。从某种意义上说，能力是素质在一定条件下的外显。既然高校辅导员成为专门的职业，那么同社会上的其他职业一样，这个职业必然要求从业者具备相应的职业能力。

2005年1月10日，全国首个高校辅导员协会在复旦大学正式成立，高校辅导员协会旨在为校内辅导员提供包括党团建设、沟通技巧、心理咨询、职业策划等方面的专业指导和服务，这是高校辅导员队伍走向职业化进程的一个重要标志。辅导员队伍总体能力水平和个体能力结构，应确定辅导员应该具备的职业能力提升目标及能力结构目标的优化①。同年，上海高校开始辅导员职业化试点，高校辅导员成为专门职业，与专业课教师一样，可以评定职称，享有一定的待遇。2006年，中共上海市委办公厅、上海市人民政府办公厅印发《关于进一步加强上海高校辅导员队伍建设的若干意见》（沪委办发〔2006〕35号），具体规定了辅导员的角色定位、工作任务、选聘标准和程序、编制、专业学科方向、培训制度、职称评聘、考核及交流机制，进一步明确了高校辅导员的职业化建设。2014年，教育部关于印发《高等学校辅导员职业能力标准（暂行）》（教思政〔2014〕2号），对高校辅导员的职业能力特征进行了概括，即高校辅导员政治强、业务精、纪律严、作风正，具备思想政治教育工作相关学科的宽

---

① 罗勇，杜建宾，周雪. 提升高校辅导员职业能力刍议［J］. 学校党建与思想教育. 2020（6）：77-79.

口径知识储备，具备较强的组织管理能力和语言、文字表达能力，以及教育引导能力、调查研究能力等。2017 年，《普通高等学校辅导员队伍建设规定》（教育部第 43 号令）也提出了以上能力要求，并特别强调了辅导员要具备开展思想理论教育和价值引领工作的能力。

当前高校辅导员应该具备的职业能力包括学习能力、教育引导能力、组织管理能力、语言文字能力、教学研究能力和创新能力等。

一、 学习能力

（一） 学习和运用政治理论的能力

高校是培养和造就社会主义事业接班人的基地，身处学生思想政治工作前沿的高校学生辅导员，要完成培养和造就接班人的神圣使命，使学生成为合格的社会主义建设者，在思想方面能够抵制各种腐朽落后思想的影响。政治引领能力以培养政治素养为导向，是辅导员引导大学生对政治理论和现象进行认知、认同并形成信念及践行的能力[①]。辅导员自身必须具有学习政治理论的能力，要把握正确的政治方向，坚持四项基本原则，用习近平新时代中国特色社会主义思想来武装自己的头脑，自觉树立马克思主义的世界观、人生观和价值观，加强理论修养，认真学习党的路线、方针、政策，关心国内外形势与政策，提高政治敏锐性和洞察力。

（二） 终身学习的能力

高校辅导员应该具有终身学习的理念，学习是提高专业化水平的必由之路，"终身学习"被写入高校辅导员的职业守则，这也意味着高校辅导员在专业化、职业化发展的过程中离不开不断的学习[②]。终身学习的能力即不断进行自我更新的能力。一般来说，高校辅导员除

---

① 傅艺娜. 辅导员思想引领能力：内涵构成与提升策略 ［J］. 高校辅导员，2019
（4）：38 –41.
② 李琳. 高校辅导员职业能力提升的思考与建议 ［J］. 高校辅导员，2015 （5）：
20 –23.

了具有一定的专业知识之外，还必须了解政治学、社会学、管理学、文学、法学、史学、美学等方面的知识，具有较为完整的知识结构。进入 21 世纪之后，"终身学习"或者"终身教育"成为国际社会普遍认可的一个观念。知识信息的不断更新，使每个人时刻面临着新知识的挑战。为了能够更好地回应这一挑战，高校辅导员必须具备终身学习的理念和能力，在原来的知识基础上，掌握新的文化知识，不断更新自己的知识结构，使自己成为一个学识渊博的人。同时，辅导员还必须具有有效学习的能力，掌握有效学习的方法，即学会学习。具备这样的能力并能够坚持不懈地进行自我学习的辅导员才会从中体会到终身学习的价值，将这种体会分享给大学生，以培养大学生对学习的兴趣和终身学习的意识、习惯与能力。

二、 教育引导能力

高校辅导员做好学生思想政治教育工作是新形势下发挥现代大学功能的客观要求，是落实立德树人根本任务的客观要求，是促进辅导员自身全面发展的客观要求[①]。辅导员要善于做思想政治工作，激发学生干劲，较好发挥党团组织、班委会、学生会的作用，把学生组织发动起来，开展各种有益于学生身心健康的活动；既要牢牢掌握班级管理的主动权，又要充分发挥学生干部的积极性、主动性；要善于发现典型，培养典型，总结经验，以点带面，推动工作的开展；要善于帮助学生养成好的习惯，改变不良行为习惯，通过各种卓有成效的活动，使学生的综合素质得到提高。

(一) 观察分析能力

辅导员要了解和掌握学生思想情况，必须做有心人、细心人、热心人，要善于发现问题、善于分析问题。第一，辅导员要能通过表面现象看到问题的本质，不被现象所迷惑，掌握学生们的真实思想、真

---

① 王婧. 新形势下高校辅导员做好宣传思想工作的思考 [J]. 高校辅导员学刊. 2015，7 (3)：9 - 13.

实情况。这就要求辅导员能从被别人视为正常的举动中看到学生们非正常的一面，透过学生们的外在行为发现其内在原因，从而了解学生的真实思想。第二，辅导员要能通过个别问题看到倾向性问题。比如，当辅导员发现有个别学生课下反映听不懂所学课程时，辅导员很快就应该意识到会不会别的学生也有类似的情况，接下来就应该做深入的调查研究，看是授课教师讲解的问题，还是学生中存在着厌学情绪，然后有针对性地加以解决。辅导员解决个别问题应从防止倾向性问题着眼，只有早防早治才能防止普遍性问题的出现。第三，辅导员要能通过简单问题看到潜在的复杂问题，及时消除隐患。辅导员要善于运用发展的观点、联系的观点，观察事物、分析问题，及时发现隐患，争取工作的主动权。第四，辅导员要能通过实际问题看到思想问题，辅导员在解决实际问题的同时要注重思想教育，切实把解决实际问题的过程变成提高思想觉悟、调动积极性的过程。

（二）疏导说理的能力

辅导员要具有较强的政治理论水平，在思想教育过程中具备疏导说理的能力。辅导员要恰当运用语言艺术有效地开展工作。辅导员语言艺术精湛，在工作中往往能收到一石激起千层浪的效果①。第一，要能用大道理说服人。就是要用习近平新时代中国特色社会主义思想武装学生的头脑。辅导员要坚持正面灌输的原则，联系实际理直气壮地讲大道理，要把大道理讲得实实在在、讲得入情入理，造成讲大道理、信大道理、用大道理的氛围。第二，要能用方针政策说服人。辅导员要带头认真学习和领会党的方针政策，用这些说服学生，反对个别辅导员哄骗、许愿和矛盾上交的做法。第三，要能用事实说服人。事实胜于雄辩，以事论理，是我们做思想工作的一个有效手段。第四，要能用典型说服人。榜样的力量是无穷的，一个典型就是一面旗帜、一根标杆，一个单位或班级无论它多小也不乏学习工作等各方面

---

① 杨智勇，熊娜. 高校辅导员的语言艺术 [J]. 吉首大学学报（社会科学版），2009，30（4）：167-170.

的先进典型，运用辅导员能看得见、摸得着的典型示范引路，就能使人信服，集体正气就会不断上升。

（三）人际关系的协调能力

辅导员在日常工作中要有较好的人际关系协调能力，能提高学生自我管理、自我教育和自我选择的能力，促进和改善辅导员与学生的关系，提高思想政治教育的实效性①。一方面，协调自己与学生、学生与学生之间的人际关系，积极营造和谐的学习、工作和生活环境。教育过程实质上是一个人与人双向互动的过程，这种活动有效进行的前提就是活动的双方能够做到相互理解，并善于进行交流和沟通。要与大学生进行充分的、面对面的思想沟通和情感交流，引导学生进行经常的交往与合作，积极地投入到全面的教育活动之中。特别是针对当前大学生低龄化、阅历浅、好奇心强、依赖心重、思想容易受情绪支配等特点，辅导员更要用自己的满腔热情给予他们充分的关怀和指导，使他们形成良好的道德情感体验和道德判断；另一方面，辅导员要处理好自身与领导、同事之间的人际关系。思想政治教育是教育集体共同努力的过程，辅导员是其中的协调者。高校辅导员应当善于团结自己的同事一道工作，发挥党团组织、班主任（班导师）、任课教师、学生家长在学生教育中的作用，取人之长，补己之短，从而提高工作效率。

（四）促进学生全面协调发展的能力

21世纪教育的一个根本性特点是学生学习主体地位的凸显，学生具有学习的自主性和选择性，而不是像在传统教育模式下被动地从教师那里获取知识。在这种情况下，师生之间更多的是一种民主平等、教学相长的关系。辅导员在其中要成为学生学习的指导者、服务者、帮助者。辅导员必须具有新型师生观，并且要一改"专业教师负责大

---

① 彭健，蔡振春. 辅导员与学生互动：提高思想政治教育实效性探讨［J］. 教育探索，2012（4）：139－140.

学生学习，辅导员专管大学生思想"的传统观念和做法，应主动地协助专业教师，培养学生学习的主动性，组织学生进行合作学习和研究，帮助学生选择适合自己的学习内容和学习方法。同时，21世纪的辅导员还要善于从学生那里分析其发展状况，并提出解决问题的方案和假设，有效地处理各种问题，促进学生健康成长。

一个人的能力不是一成不变的，而是不断完善、不断提高的。面对21世纪的挑战，高校要培养出具有全新思维方式、全新知识结构、全新精神面貌的人才，要求辅导员队伍有更高的能力水平。在这种形势下，辅导员都要加强学习，加强自身修养，在社会实践中不断丰富自己，使自身能力适应21世纪的要求，以积极面对时代的挑战。

（五）其他专项指导能力

1. 进行心理健康教育的能力

随着市场经济的发展、新就业体制的建立和社会竞争的日趋激烈，大学生在学习、生活、就业等方面遇到的挫折和困难越来越多，面临的心理压力也越来越大，从而产生了各种各样的心理问题或心理障碍。在这种情况下，如何尽快提高大学生的心理素质，增强大学生承受各种心理压力和及时处理心理危机的能力，已成为当前高校迫切需要解决的问题。当前高校心理健康教育面临两大任务：一是在大学生中普及心理健康知识，二是对心理异常的学生进行心理指导与治疗。而无论是普及心理健康知识，还是对心理异常的学生进行心理指导与治疗，都离不开辅导员的参与。但从实际情况来看，目前辅导员的整体素质与高校心理健康教育任务的要求有一定距离，普遍缺乏系统的心理学知识和正确解读、矫正心理问题的技能。一些辅导员面对大学生日益增多的心理问题和心理障碍，常常感到无所适从。因此，为适应心理健康教育的要求，辅导员必须系统掌握心理学知识，提高正确解读、矫正大学生心理问题的能力。

2. 指导学生学习、选择专业及课程的能力

学生进入高校，最先接触和熟悉的是辅导员，学生信赖辅导员、

接受辅导员的指导和帮助是极其重要的。尤其是一些高校实行按类招生、分段培养的教学改革模式，要求学生学完基础课以后，根据兴趣和专业的匹配度选择自己喜爱的专业，这时学生往往要征求辅导员的意见。高校为培养学生综合素质，要增开许多选修课供学生选择，这些都需要辅导员给出独到的见解和明确的指导。因此，高校辅导员应具有熟悉本系专业课程和本校主干学科课程的专业知识，能够指导学生掌握课程选择的层次，设定规范化、循序渐进的选课顺序，以保证学习知识的完整性和系统性。对学生专业选择的指导，应注重专业的实用性和价值性，要求辅导员及时掌握国家发展的大政方针和经济形势可能对专业选择产生的影响。

3. 指导毕业生就业的能力

高校培养学生的最终目的，是为社会进步提供合格人才。因此，摆在学生面前最现实、最直接的问题就是如何毕业后尽早、尽快地就业。学生就业率的高低，除与学生自身能力和学校教学水平有关外，辅导员的指导也非常关键。辅导员要在日常的学生管理教育和训练中，帮助学生进行职业生涯规划，使他们一入学校大门，就能积极为以后就业创造条件，扫清障碍。辅导员就业指导不能等到学生毕业前的最后一个学期进行，应在学生管理中尽早进行。就业指导内容应包括求职的一般程序、应注意的问题、求职对象的选择、应办理的就业手续等，使学生掌握就业的本领，积累就业信息，联系就业单位，获取就业所必需的各种证书等。

4. 进行网上教育引导的能力

随着网络时代的到来，大学生已成为中国网上用户中比例最大的一个群体，网络也就成了开展思想政治教育的一个新的、重要的阵地。因此，辅导员应该具有比较敏锐的信息意识，做网络时代的有心人。在信息时代，如何引导学生树立正确的价值取向，提高伦理道德水平，如何增强学生的鉴别力和免疫力，如何帮助他们正确处理自主利用网络与接受全面教育的关系，已成为摆在学生工作者面前亟待解决的重要课题。

三、 组织管理能力

（一）领导能力

辅导员在育人过程中是执行者，也是领导者，辅导员工作的过程是执行的过程，也是领导的过程，执行力和领导力是辅导员能力开发的核心[①]。辅导员应该具备较高的领导管理能力。辅导员要调动学生积极性，提高集体凝聚力，使之成为一个团结向上的有机整体。这是开展各项活动，教育带动大学生的有力保证。首先，要任人唯贤，大学生人生观在逐步形成，大学生都具有较强的自主意识，要根据其自身特点，充分调动他们的积极主动性，在德才兼备的前提下，扬长避短，使大学生骨干成为辅导员工作的左膀右臂；其次，要建章立制，认真贯彻执行高校学生管理制度，并从实际出发，科学制订管理工作计划，因人而异处理具体问题，通过不定期抽查、检查评比、集中培训、办学习班等方式，对问题及时发现及时处理，并树立良好的风气，使规范制度深入人心，发挥其真正的规范作用。

（二）统筹规划能力

作为高校辅导员的工作对象的大学生来自四面八方，他们的思想基础、学习能力、生活习惯乃至人生观都各不相同，而且当代大学生主体意识鲜明，强调个性发展。因此，辅导员在工作中要善于从全局、长远的角度分析问题，对自己任期内的工作进行统筹安排，抓住工作中的主要矛盾和关键环节，根据学校各个不同阶段的中心工作，以及学生的特点和需求，有的放矢地开展工作。

（三）科学决策能力

在日常管理工作中，辅导员的工作对象是具有活跃思维的大学生。他们在日常生活中通过各种渠道接收了大量的信息，对一些问题有自己独特的见解；而其世界观又正处于成长阶段，有其不稳定性。

---

① 白永生，耿俊茂. 执行力和领导力：高校辅导员能力开发的核心 [J]. 学校党建与思想教育，2012（13）：95-96.

面对这样的群体，辅导员的头脑首先必须清醒，要在对工作对象及其工作任务进行充分分析的基础上，选定行动目标，制定行动方案，进而采取一系列措施。因此，辅导员可根据一定时期的工作重点，合理确定决策对象或决策事项，对主、客观条件及方案进行科学的论证，同时注意倾听他人的意见，尤其是学生的意见，最后付诸实施。

（四）应对突发事件和复杂局面的能力

高校辅导员良好的组织管理能力包括驾驭全局和处理各种突发事件的关键能力，是对大学生进行有效有序管理，取得事半功倍效果，让辅导员真正成为大学生思想政治教育工作的组织者和指导者的保证[1]。辅导员是高校中与学生接触最多的教育工作者，在对学生进行日常管理时将会遇到许多无法通过预案准备的突发事件。为了准确把握形势，引导事态向好的方向发展，辅导员要在复杂环境中进行实践锻炼以培养和提高自身审时度势、灵活反应、当机立断的能力。一旦发生重大灾害性事故、治安案件等突发事件，辅导员作为学生的"主心骨"，要做到处变不惊、沉着应对、果断处置，及时稳定学生的情绪，防止事态扩大。这需要辅导员在日常生活中处处做有心人，积累生活经验，敢于面对各种复杂局面，做到胸有成竹，不打无准备之仗。在情况发生新的变化时，又能够从现实出发，对原有的决策、方案和意见及时进行修改和补充，因势利导，把工作向前推进。

四、语言文字能力

虽然具有较强的语言表达能力是教师这个职业必须具备的基本功，但是辅导员工作需要的并不仅仅是简单地使用教学语言。辅导员的工作场所、环境随着工作对象所处场合的不同而不断变化，其使用语言的目的也因工作目的的不同而变化，因此辅导员要善于在不同场合采用相应的表达方式。召集学生开会，辅导员说话要能抓

---

[1] 贝静红. 高校辅导员队伍专业化发展研究［M］. 武汉：武汉大学出版社，2016：52.

住要领，突出重点，要富有激励性；与学生交流、谈心时，辅导员要热情、耐心、细致，要富有人情味。辅导员在具有较强的语言表达能力的同时还应具有较强的文字书写能力，撰写给学生看的文章要深入浅出、联系实际、讲求逻辑，具有说服力；对自己的工作及学生情况进行书面总结、分析，要做到逻辑性强、条理清晰、文笔流畅。此外，辅导员工作量大、面广，有时会给人留下繁杂无序的印象，因此辅导员要重视书面的归纳总结能力。它直接影响到工作效果、决策水平及今后工作的有效开展。要养成记工作日记的良好习惯；要勤学多问，向有经验的辅导员学习；要围绕得失，认真总结；要勤于动脑，善于思考。

五、 教学研究能力

（一）教学能力

扩展辅导员的教学空间，是辅导员教学工作的重要特色。辅导员教学工作中一大优势是熟悉学生，是大学生日常管理的骨干力量，辅导员在教学中，可以把实践教学有机融入课堂中①。因此，在教育、管理、服务学生的同时，有部分素质较好的辅导员还将担负思想政治理论课教学的任务。思想政治理论课承担着对大学生进行系统的马克思主义理论教育的任务，是对大学生进行思想政治教育的主渠道。因此，辅导员应具备良好的教学能力，如掌握利用多媒体等工具进行教学，引导大学生坚定马克思主义的信仰、社会主义的信念，增强对改革开放和现代化建设的信心、对党和政府的信任。

（二）研究能力

1. 要有调查研究的能力

要教育好学生，就必须先了解学生。辅导员的思想教育工作是建

---

① 沈红. 高校辅导员教师身份内涵及身份实现路径研究［M］. 武汉：武汉大学出版社，2016：91.

立在对学生多方面的了解和研究基础上的。只有掌握了学生的思想状况、个性特点，了解他们的学习、生活情况，才能从学生的实际出发，有针对性地进行教育。因此，辅导员要善于接触、观察、了解学生，掌握第一手材料，经过分析和综合研究，从中发现、掌握学生思想动向和成长的规律。

2. 要有理论研究的能力

《普通高等学校辅导员培训规划（2013—2017 年）》指出："推动辅导员开展工作和学术研究，鼓励辅导员积极参与'思想政治教育研究文库'建设。"[①] 大学生的思想政治教育工作是一门艺术，有赖于思想政治教育工作者的创造性。但它又是一门科学，其理论需要在实践中不断地丰富和发展。然而，长期以来，高校思想政治教育工作在理论研究方面却是比较薄弱的。面对 21 世纪复杂多变的社会，面对学生工作中越来越多的"变量"，高校辅导员在工作中应该注重积累素材，总结经验，进行理论研究。透过当前大学生中存在的各种现象，探索高校思想政治教育工作的规律和方法，预测思想政治教育工作的发展趋势，从而提高工作的主动性、针对性和实效性。

六、 创新能力

创新能力是辅导员工作中必备的能力。时代在发展，社会在进步，学生的需求也在变化，辅导员在工作中必须具有创新意识，而不能停留在以往知识、能力的基础上，否则将会被时代所淘汰。创新能力具体体现在以下三个方面：

（1）理念意识的创新

随着教育环境的改善和教育对象的变迁，高校思想政治教育工作已经跳出了传统的"显性—隐形模式"的窠臼，并在新时代呈现出新

---

① 普通高等学校辅导员培训规划（2013—2017 年）［Z］. 教党〔2013〕9 号.

的发展趋势，需要辅导员理念意识的创新①。辅导员必须通过经常性的学习接触各种新事物，拓展自身的知识领域，创新思维模式，通过敏锐的观察，从司空见惯的事务中发现不寻常的地方，运用创造性的思维、活跃的灵感获得新的知识。

（2）工作模式的创新

在工作的开展过程中，高校辅导员要在学生工作基本政策的框架范围内，结合自身班级和学生的具体情况，结合自身能力、素质方面的优势，灵活多样地开展学生工作。

（3）工作方式的创新

辅导员应当转变过去单纯命令式的学生管理方式，在教育育人、管理育人和服务育人理念的指引下，以满足学生的需求、创造适合学生发展的环境条件、促进大学生的全面发展为目标，采取个性化和人性化的工作方式。在实际工作中需要注意，强调创新能力并不等同于异想天开，而是要在实际的基础之上合理运用创新技能。无论是理念意识的创新、工作模式的创新还是工作方式的创新，都必须和实际相结合，而不能脱离实际情况。

第三节　高校辅导员职业能力的协同开发

辅导员职业能力相关标准的出台及教育部对辅导员职业化发展的高度重视，进一步增强了协同开发视域下辅导员提升职业能力的必要性和可能性。而问题是现阶段协同开发的创新理念和思路尚未成熟、社会化组织体系不够健全、资源共享平台不够强大、激励评价体系实效不强。为此，需要构建"三种理论＋两个协同＋一个目标"的辅导

① 傅艺娜. 辅导员思想引领能力：内涵、构成与提升策略［J］. 高校辅导员，2019（4）：38－41.

员职业能力协同开发模式，建立全覆盖、层级化、功能强的社会化组织体系，培育形成统一、开放、集成化的新媒体资源共享和互动平台，完善选配聘用、教育培养、考核评价等机制，协同推进辅导员职业能力全面提升。

一、 协同开发的必要性和可能性

（一）协同开发的必要性

高校辅导员是高校育人育才的骨干力量，是培养社会主义合格建设者和可靠接班人的排头兵，辅导员的素养和能力特别是其政治素养和思想引导能力直接影响到学生的信仰和信念①。政治素质过硬、情商高、综合素质强、工作艺术精湛的优秀辅导员在言谈举止间就会潜移默化地感染他的学生，让学生感受榜样的力量，进一步坚定共产主义信念和投身于中国特色社会主义建设的决心。根据教育部《高校辅导员职业能力标准（暂行)》的定位，不同层级的辅导员要具备涵盖思政教育、党团班级建设、学业指导、日常事务管理、心理健康教育与咨询、网络思政教育、危机应对、职业规划与就业指导、理论实践研究等九个方面的能力素质②，每一种能力素质对于初、中、高级辅导员的要求都有相应的区别，总体上呈现出从低职业化到高职业化的发展趋势。要求高、职责重、考验深，辅导员正在经历一个从政治辅导员到全能型辅导员的角色转换。辅导员在教育引导的核心职能之外，学生事务管理的重要职能已经完全融入辅导员的职业化发展当中了。辅导员职业能力培养的综合性、独特性决定了辅导员职业能力的开发需要政府、社会、学校及辅导员自身各个层面共同努力、创新协同、合作开发。以协同开发的理念促进辅导员职业能力提升是辅导员队伍职业化建设的必然趋势，有助于为突破辅导员队伍职业化发展的

---

① 李宏刚，李洪波. 协同开发视域下高校辅导员职业能力提升探赜 [J]. 学校党建与思想教育，2020（3）：90－93.
② 高等学校辅导员职业能力标准（暂行）[Z]. 教思政〔2014〕2 号.

瓶颈提供创新的解决方案。

（二）协同开发的可能性

高校辅导员是做好大学生思想政治教育工作的骨干力量，是高校学生日常思想政治教育和管理工作的组织者、实施者、指导者①，是培育社会主义合格建设者和可靠接班人的重要力量，其政治属性和职业定位的特殊性和重要性决定了从中央到地方再到高校都非常重视辅导员队伍的职业能力提升。中央明确要求，各级党委和政府要重视高校思想政治工作队伍建设，积极支持和协助高校，为辅导员队伍职业化发展提供和创造良好的条件及环境，让辅导员发展有空间、干事有平台、待遇有保障。中央五大发展理念中的"协同"发展理念在辅导员队伍的职业能力提升中就体现为各级党委和政府及其相关职能部门、社会各界同高校及其职能部门要协同一致、群策群力，携手做好辅导员队伍职业能力发展协同开发这篇"大文章"。中央和各级党委、政府对辅导员队伍发展政策支持的畅通性和举措落地的求真性为辅导员职业能力的协同开发提供了良好的制度保障。同时，新媒体和信息化时代的发展，为辅导员职业能力的协同开发提供了更好的资源和更便利的条件，有助于辅导员职业能力协同开发的各个主体在互联互通中共同搭建更高水平、更具实效的协同开发平台，推进辅导员职业能力的全息开发和全面拓展。此外，辅导员的工作职责要求辅导员成为一个多面手，成为一个综合素质优良的人，而要实现这一点，辅导员在主观上必将寻求全过程、全方位开发自我能力的方式方法和实施路径，而这种辅导员自身职业能力提升的主观现实需求则进一步夯实了高校辅导员职业能力协同开发的可能性。

二、 协同开发的现状和存在的问题

（一）协同开发的现状

辅导员的职业能力从辅导员岗位设立之初就一直是这一岗位的核

---

① 普通高等学校辅导员队伍建设规定［Z］．教育部令〔2017〕43号．

心能力和基本要求，2014 年教育部出台的《高等学校辅导员职业能力标准（暂行）》更是通过文件的形式首次明确了辅导员职业能力的内涵、特征、功能和要求。然而，辅导员职业能力的开发一直处于分散、单一的推进状态，没有形成集聚各类资源、发挥各项优势的协同开发局面①。就全国层面而言，教育部制定了《普通高等学校辅导员培训规划（2013—2017）》，并设置了 21 个教育部高校辅导员培训与研修基地，同时教育部也有专门面向一线辅导员的辅导员骨干专项课题、精品工作项目培育、访问学者计划、专项博士计划、境外研修计划及文化工作室等项目。根据教育部对辅导员队伍建设的要求和规划，全国各个省（直辖市、自治区）也都建立了省一级的辅导员培训与研修基地，出台了相应的政策文件和制度办法，有序开展了辅导员的职业化发展培训。在全国、省级职业化发展培训的基础之上，各个学校也都建立了基于本校资源的校本培训模式，着力完善辅导员的立体化、综合化培训体系，促进辅导员的职业能力提升。

此外，推进辅导员职业化发展的社会化组织和平台也逐步壮大，如中国高教学会辅导员工作研究分会、易班网、江苏高教学会辅导员工作研究会、湖南省高校辅导员工作研究会等，也有一些关于辅导员的微信公众号，如"高校辅导员联盟""第一辅导员""高校辅导员在线""辅导员之家"等，这些专业协会和网络在线平台的逐步建立为辅导员提升自身的职业能力创造了条件和机遇。以上各个层面基于辅导员职业化发展的政策、举措、路径和平台，初步形成了辅导员职业能力提升的纵向层次体系及横向的链接模式，但辅导员职业能力协同开发所急需的立体化、网络化、综合化协同体系和协同发展平台还有待进一步开发。

（二）协同开发存在的问题

以协同开发的理念和思路推进高校辅导员的职业能力提升是辅导员

---

① 李宏刚，李洪波. 协同开发视域下高校辅导员职业能力提升探赜［J］. 学校党建与思想教育，2020（3）：90-93.

职业化发展必经的阶段和必然的发展趋势。协同开发要求各级辅导员职业能力开发主体协作共力、协同助力、协心奋力联合开发辅导员的职业潜能及培育辅导员的职业技能，形成辅导员职业能力提升的大数据平台、保障运作中心及专业服务网络。目前，我国高校辅导员职业能力提升的协同开发体系尚未形成，主要存在以下四个方面的问题。

1. 协同开发的理念和思路不够先进

辅导员职业功能的政治性、先进性、开放性和整体性特质要求辅导员职业能力开发的理念和思路要有先进性、开放性、时代性和创新性。而目前的辅导员职业能力提升协同开发理念基本还停留在文本和口头上的宣讲层面，理念思路和实践推进有些脱节，在导向上仍未能跳出"雷声大雨点小"的窠臼，更难以有与时俱进的实质性理念创新和思路突破。究其原因，主要在于对辅导员职业能力提升的协同开发认同意识不强，视野不够开阔，顶层设计欠缺。

2. 协同开发的社会化组织网络不太健全

随着辅导员职能的不断扩充和发展，辅导员职业能力的协同开发越来越需要专业性社团或中介组织的参与、协作和服务。而这一针对辅导员队伍职业化发展的社会化组织体系在我国的发育还很不充分，整体而言基本处于分散、单一及低度专业化的发展阶段。在教育部思政司指导下，山东大学成立了全国首家辅导员社团组织——中国高教学会辅导员工作研究分会，主导开展诸如全国辅导员年度人物评选、辅导员素质能力大赛、辅导员优秀论文评比、辅导员国内高校岗位交流，以及辅导员创新论坛等活动。这是一种很好的模式，但各省（区、市）除了江苏、湖南等少数地方成立省级辅导员工作研究会组织以上活动外，其他大部分地区都是政府教育工作部门主导组织，未能形成专业性层级发展的社会化组织网络体系，客观上降低了服务的精准性和专业化水平。

3. 协同开发的资源共享平台不够强大

随着信息化、智能化客户端的发展，构建统一、开放、智能的信息资源共享平台成为各行各业发展的战略制高点和实力支撑引擎。辅导员队伍的专业化、职业化发展离不开完善、持续、有效的支持平台系统①。辅导员职业能力的功能和要求涵盖了政治引导、学业辅导、心理疏导、就业创业指导，以及生活向导等各个层面，容量大、要求高、综合性强，而目前辅导员职业能力的协同开发资源远远不能满足其提升职业能力的现实需求，资源和平台的有限性、单一性、非共享性客观上影响了辅导员职业能力提升的进程，降低了其职业能力协同开发的效能。

4. 协同开发的激励和评价体系实效不强

高校辅导员职业能力的协同开发是一项系统工程，需要形成统一有效、完善配套、动力充足的激励和评价体系，切实保障辅导员职业能力协同开发的可持续发展过程。从全国及各省区市的政策导向来看，辅导员职业发展应当说已经有了良好的政策保障机制，但具体到各个学校，其实质性落实还存在较多的困难，其中很重要的一个方面就是各个学校、各个地区之间缺少关于辅导员职业能力协同开发职责及权利划分基础上的激励和评价机制。没有一个统一的、认可度高的基于协同开发的激励和评价体系，就不能去除辅导员职业能力协同开发的个体主义、区域本位主义，辅导员职业能力的协同开发就会有名无实，流于表面化。

三、 协同开发的模式和路径

（一）协同开发的模式

高校辅导员职业能力的协同开发应坚持统一主导、职责明确、协同互进、资源共享的原则，以培养"一专多能"的专家型辅导员为导向，形成统一、开放、灵活、高效的协同开发格局②。

具体而言，其模式可以描述为"三种理论＋两个协同＋一个目

---

① 冯刚. 辅导员工作培训教程［M］. 北京：高等教育出版社，2013：245.

② 李宏刚，李洪波. 协同开发视域下高校辅导员职业能力提升探赜［J］. 学校党建与思想教育，2020（3）：90－93.

标"，即以人才开发理论、系统管理理论和协同发展理论为协同开发的理论向导，以实现内部协同（高校内不同层级、不同类别部门之间的协同）和外部协同（高校与高校、政府、社会机构等主体之间的协同）为协同开发的核心支撑，以培养通用能力（多项基本能力）扎实、特色能力（专业化能力）突出的"一专多能"型辅导员为协同开发的目标主旨，构建形成立体化、网络化的协同开发体系。在协同开发的过程中，构建政府引导、权责明确、协会主导、平台共享、纵横互联、协同互促的发展共同体显得尤为重要，辅导员职业能力协同开发的各级主体、各相关资源要素的拥有方都应当积极参与其中，充分发挥各自在内外部协同中的作用和功能，成为辅导员职业能力协同开发过程中责任共同体、利益共同体，以及价值共同体、命运共同体的重要一极，为培养政治强、业务精、纪律严、作风正，特色能力突出、通用能力扎实的"一专多能"型辅导员做出应有的贡献。

需要注意的是，在协同开发过程中，要根据辅导员通用能力和特色能力的不同开发要求，以及不同开发主体、要素参与方的各自特点，进一步明确协同开发各个主体及要素参与方之间的责权利关系及协同互通方式，为辅导员职业能力的协同开发提供体制机制保障。

（二）能力协同开发的路径

1. 完善体制机制，建立全覆盖、层级化、功能强的社会化组织体系

辅导员职业能力的协同开发既是辅导员队伍职业化、专业化发展的重要保障，又是其重要内容。完善辅导员队伍职业发展的体制机制，理顺政府、协会组织、高校之间的责权利关系，形成统一有序、充满活力的管理体制和运作机制是推进辅导员职业能力协同开发的现实基础和内在要求。在辅导员的职业化发展主体责任体系中，各级政府及其主管部门担负着政策制定、资源供给、监督落实的重要职责，各级辅导员研究会或辅导员联盟等协会组织则担负着制度落实、活动

组织、平台运作及协调互动等重要职责，而各个高校则承担着对辅导员的具体培养培训、职业化发展的内外协同、落小落细等职责。构建完善、科学、畅通的辅导员职业能力协同开发体制机制，需要政府、协会组织及高校在理念认识、权责划分、资源分配及价值彰显方面形成高度统一的协同配合综合体系，使辅导员职业能力协同开发的每个相关主体明晰自身的职责和使命，充分发挥各自功能和资源优势，协同配合、互促互进，主动、积极和创造性地完成辅导员协同开发的各项目标和工作任务。

2. 加强投资开发，培育形成统一、开放、集成化的新媒体资源交流平台

随着社会信息化的迅猛发展和育人育才要求的提高，辅导员工作职责的内涵和外延都相应地发生了重要的变化，辅导员职业能力提升的综合化、信息化及效能化要求也愈加明显。辅导员职业能力的协同开发亟须构建一个功能强大、模块完善、开放互动的新媒体资源运作平台。在此平台中，辅导员职业能力协同开发的相关大数据资源可以按照不同权限实现共享，同时辅导员通过这一平台可以实现即时互动，协同开发的相关责任主体也可以实现信息的即时交互。政府需要做好平台构建的政策指导、资金扶持、维护监管、效能评估等关键性工作，引导平台朝着科学规范、有序高效、功能融合的方向发展，完善其运作机制，彰显该平台的政治引导力、文化凝聚力和品牌吸引力，促进辅导员职业能力协同开发的技术集成和认同形成。辅导员研究会、辅导员工作联盟等协会组织要成为协同开发和运营维护新媒体运作平台的责任主体，并在教育部等政府相关职能部门指导下，明晰全国、省级及各高校相关协会组织的责权利关系，划定在平台运作中的责任分担和工作要求，实现新媒体运作平台的常态化及可持续发展。各个高校要积极成为该运作平台的要素参与主体，积极履行相关信息资源的传送更新职责，动员引导本校辅导员充分利用资源平台，提升自我职业能力。

3. 严格选配聘用，把好职业入口标准

辅导员岗位的政治性、综合性、自主性、开放性及先进性等特点和要求决定了辅导员的选拔聘用必须要严格、科学、规范，务求把好职业准入的第一关。要通过笔试、面试、心理测试及体检等各个环节，确保最终录用的辅导员符合入职的政治和能力素质要求。辅导员的面试考核要积极调动政府相关职能部门、协会组织，特别是校内相关职能部门责任主体的全程参与，充分彰显辅导员岗位的重要性和职能的综合性。同时，政府人力资源和人事相关职能部门应充分考虑辅导员岗位的客观现状和实际需求，给予并扩大各高校在辅导员招聘录用过程中的自主权，增强辅导员队伍岗前入职的顶层设计，优化队伍整体结构，确保这支队伍的性别、年龄、学历处于最佳的动态平衡状态，更好地增强这支队伍可持续发展的内生动力，挖掘辅导员队伍的巨大潜力，为做好育人育才工作奠定坚实基础。

4. 优化教育培养，提升职业发展能力

辅导员入职后岗位中的教育培养是实现辅导员职业化、专业化发展的核心，各级政府及其相关职能部门、协会组织和各高校应当加强辅导员岗位履职过程教育培养的政策协同、资源协同和责任协同。政府及其职能部门应在充分调研辅导员队伍职业化发展现实需求的基础上为高校辅导员在职称评审、职级发展、进修平台、课题研究，以及教学研究等方面给予政策、机遇和资金上的实质性支持，并形成一系列的制度性文件，为辅导员的职业能力协同开发提供最广泛和最扎实的顶层设计和支撑扶持，鼓励调动辅导员职业能力协同开发过程中其他各责任主体和参与要素的活力与积极性。各级辅导员协会组织要构建、完善、运作好辅导员职业化发展的资源共享和互动支撑平台，形成科学、规范、实效性强的大数据资源，为辅导员职业能力协同开发过程中政府部门的决策、高校的具体落实提供强有力的信息资源支持，充分发挥桥梁和纽带作用。高校是协同开发的关键性责任主体，要通过诸如素质类课程研究室、教研室积极创新辅导员的教师身份实现模式，增强其教育教学研究的归属感、责任感，切实解决辅导员岗位聘任和职称晋升面临的教学与科研问题①。

5. 规范考核评价，激发职业发展活力

完善、科学、有效的考核评价体系是辅导员职业能力协同开发的催化剂和推进器。一方面，各高校应充分发掘和利用教育部、省（区、市）和协会组织关于辅导员队伍考核评价的政策支持空间、资源导向体系及信息保障平台；另一方面，高校要做好辅导员考核评价过程中校内各参与主体之间的纵横向协同，统一认识，明确要求，形成既有内在张力、又有发展活力的考核评价科学机制和综合体系。在考评过程中，首先，各高校要科学设定考核的指标体系，有机统一定性与定量评价尺度，为考评划定目标任务，设定适合本校的方法与体系。其次，各高校要规范考评的执行监督环节，力求做到"所有辅导员都要被考核，所有学生都参与考核"②，所有参与主体都应严格遵守考评要求并完成自身职责范围内的考评任务，确保考核过程公开、公平和公正。最后，各高校要注重考评结果的有效运用。各高校主要领导应充分重视辅导员的考评结果运用，责成高校学生工作、人事、科研、教务等职能部门在辅导员的考评结果运用中协同互通，形成统一意见，并通过校级文件的形式，将考评结果与辅导员的职务职级聘任、晋升及各类荣誉评比有机结合起来，形成制度激励效应。

---

① 李宏刚，李洪波，杨志春. 政策视角下的高校辅导员队伍职业化发展探赜［J］. 学校党建与思想教育，2015（10）：78.

② 李宏刚，李洪波，杨志春. 政策视角下的高校辅导员队伍职业化发展探赜［J］. 学校党建与思想教育，2015（10）：78.

第三章

专业化：
新时代高校辅导员的发展之核

本章紧紧围绕"新时代高校辅导员队伍的专业化"这一核心命题，以国内高校辅导员队伍专业化发展研究的理论为基础，以国内外高校辅导员队伍专业化建设的实践为参照，以作者从事辅导员队伍专业化发展的基层创新实践为依托，以提高辅导员队伍的专业化水平为目标，不断创新理论思考，努力探索实践机制。

第一节　高校辅导员专业化发展的定位、基本要求及趋势

　　高校辅导员的专业化发展是职业化发展的前提和基础，辅导员专业化发展的过程就是辅导员工作科学化发展的过程，辅导员的思想政治工作的专业水准体现了他的育人水平和育才能力。高校要为辅导员的专业化成长和发展构建良好的学习机制、实践机制和研究机制，推动辅导员队伍实现专业化职业化。

一、高校辅导员专业化发展的定位

（一）高校辅导员专业化发展的背景

　　高校辅导员的专业化成长和发展早在新中国成立之初就提上了议程。1953年，为了积极响应国家的号召，落实加强高校的思想政治工作的要求，清华大学首先创立了"双肩挑"的政治辅导员制度，培育了一大批从事思想政治教育工作的高校专业人员，为高校辅导员的专业化成长和发展奠定了良好的基础，做出了示范和引领。1978年，高考制度正式恢复后，辅导员队伍的专业化发展又迎来了较好的机遇。教育部在改革开放初期的四年内出台多项培育政治辅导员的政策，大力选拔思想觉悟高、政治素质好的优秀毕业生和教师专职从事大学生思想政治工作，切实加强大学生思想政治教育工作。从以上政策的脉络中，我们可以看出，辅导员队伍专业化成长和发展的前提与基础是政治素质过硬，在这个基础上逐步实现"又红又专"的发展要求。随着高等教育的进一步发展，高校辅导员的工作职责也随之发生了变化，开始承担学生管理者的相关职责，思想政治教育与学生事务管理逐步成为辅导员的主要工作，但思想政治教育工作仍然是其根本职

能；"以学生为本""服务育人"的理念开始融入辅导员的工作视野，高校辅导员所扮演的角色得到了进一步充实和发展。

在西方国家，从事类似我国高校辅导员工作的专业人员称之为"学生事务管理者"，这些专业人士的工作素质、学历层次、专业知识水平都是比较高的，甚至有很多人具有博士学位。这些学生事务的专职人员仅从事着专业化的事务管理和咨询服务工作，如心理咨询、就业推介、科研协助服务等，他们的工作以专业化的学生事务管理工作研究和咨询为重点内容，每一项工作都有专业化的研究、管理和咨询体系。国外的学生事务管理职业也经历了一个不断发展的过程，从初期的边缘性、辅助性、补充性、业余性逐步转向专业化、专家化、职业化的发展路径，最后成为专业化和综合化程度很高的职业。这些职业发展之初，主要是为来访者提供职业生涯规划方面的指导，通过专业的量表测试来访者的基本情况并进行系统分析，在此基础上提供专业化的指导意见。经过这样的发展阶段后，国外学生事务管理工作的内容不断得到丰富，逐步实现了规范化、系统化和专业化的发展目标。如美国的学生事务管理协会将学生事务管理工作者的工作角色分为心理辅导师、生涯规划师和社会化辅导师，帮助学生事务管理工作者实现了较好的专业化成长和发展。美国相关的学者对学生事务管理者的工作职责进行了细分，主要内容如下：为大学生个人或群体提供课堂学习的咨询服务辅导，协助专业教师开展专业教育及学习活动，发挥家长、教师、学校管理部门的联系纽带作用，为学生提供专业化发展服务，为学生提供专业化实践咨询服务，并鼓励他们参与学校的学生事务管理、突发事件处置及心理辅导服务，帮助大学生身心健康成长，协助学生家庭成员彼此建立信任关系，实现和谐相处，协助学生解决一些法律纠纷，让学生把更多精力更好地投入专业学习中，积极预防自杀、规避意外怀孕、远离毒品、减少中途辍学、防止道德沦丧等。其实，我国高校辅导员的专业化发展也在朝这个方向进行探索。

2005 年，《教育部关于加强高等学校辅导员班主任队伍建设的意见》明确指出："辅导员、班主任是高等学校教师队伍的重要组成部分，是高等学校从事德育工作，开展大学生思想政治教育的骨干力量，是大学生健康成长的指导者和引路人。"教育部第 24 号令《普通高等学校辅导员队伍建设规定》颁布后，各地各高校立足高校辅导员队伍专业化、职业化发展，积极贯彻落实文件要求，不断优化选聘、培养、发展制度体系，大力推进辅导员队伍专业化、职业化建设，取得了积极进展。2006 年，《普通高等学校辅导员队伍建设规定》（教育部令第 24 号）明确了辅导员的工作职责：帮助高校学生树立正确的世界观、人生观、价值观，确立在中国共产党领导下走中国特色社会主义道路、实现中华民族伟大复兴的共同理想和坚定信念①。积极引导学生不断追求更高的目标，使他们中的先进分子树立共产主义的远大理想，确立马克思主义的坚定信念。2017 年，《普通高等学校辅导员队伍建设规定》（教育部令第 43 号）进一步指出，高等学校应当制定专门办法和激励保障机制，落实专职辅导员职务职级"双线"晋升要求，推动辅导员队伍专业化职业化建设。由此可以看出，高校辅导员的专业化发展在政策上已经形成了一个通畅的机制。

（二）高校辅导员专业化发展的角色

辅导员是大学生思想政治教育工作的骨干力量，是大学生健康发展和成长成才的领航人，学业进步的指导人，身心和谐的守护人，权益维护的担当人，在有效促进大学生个性化成长和创新发展，培养德智体美劳全面发展的社会主义事业合格建设者和可靠接班人，维护高校的和谐稳定和长远发展方面都具有不可或缺的重要作用。全面加强辅导员队伍的专业化建设，有效提升他们的专业化工作水平、学术涵养、实践能力和职业素养，既是辅导员自身全面发展的迫切要求，也是大学生成才发展的内在要求，更是实现高校培养高素质人才根本目的的客观要求。新时期在"三全育人"思想引导下对辅导员专业化发

---

① 冯刚. 高校辅导员队伍专业化、职业化建设的发展路径——《普通高等学校辅导员队伍建设规定》颁布十周年的回顾与展望［J］. 思想理论教育，2016（11）：4 - 9.

展的角色定位也提出了新的要求：一是辅导员必须提高自身政治站位，履行为党育人、为国育人的职责，是新时代高校思想政治教育的承担者；二是探究协同工作模式，构建协同立德树人的"部分"和"整体"之间的沟通机制；三是增进辅导员与政治理论课教师、专业课教师之间的协同①。

因而，这就需要我们在推动辅导员队伍专业化发展的过程中全面理解和精准把握辅导员所扮演的多重角色和承担的职责使命。高校辅导员专业化发展的角色和使命主要体现为以下三个方面：

（1）立足岗位，做思想政治教育工作的主攻手

《礼记·大学》云："大学之道，在明明德，在亲民，在止于至善。"立德树人为教育之本，是我们高校辅导员开展工作的根本遵循。习近平总书记曾说："爱国，是人世间最深层、最持久的情感，是一个人立德之源、立功之本。"作为新时代大学生思想政治教育的主攻手，广大高校辅导员要积极传播正能量，弘扬主旋律，通过各种途径向学生宣传展示各方力量夜以继日为脱贫攻坚而奋斗的精神，驰援湖北、武汉抗疫的奉献精神和全国人民戮力同心、共抗疫情的团结精神和坚定信念，让学生们深切地感受到百折不挠、历久弥坚的中华民族精神伟力，引导学生立大德，行大爱，厚植爱国主义情怀。须知每一个感人事迹和奋斗故事都蕴含着对祖国和人民浓烈而深沉的爱，高校辅导员要抓住契机，把这种爱传递给学生，让学生从中感受到来自祖国的坚毅刚强和幸福温暖，进一步涵育学生的爱国情、强国志、报国行。

（2）担当作为，做学生管理的主力军

空谈误国，实干兴邦。实干、真干才能出成绩、成大事。高校辅导员是学生的管理者和服务者，是学生最亲密的人，也是学生最为信任的人。辅导员要承担起管理引导的责任。不砍小枝无以树木，不正

---

① 魏金明. "三全育人"背景下高校辅导员新使命与角色定位［J］. 思想理论教育，2020（3）：187－189.

行为无以树人①。面对不断出现的新挑战，我们要勇于钻研学习，拿出"为有牺牲多壮志，敢教日月换新天"的豪情和魄力，积极有为，扎实工作，用管理创新行动为学生搭建开放发展的良好平台。高校辅导员要切实履职尽责，运用各种信息化管理方式方法，"一对一""点对点"关心每一位学生，密切关注学生学习生活动态，认真摸排学生身心健康情况，精准掌握每一位学生的思想状态、身体状况和行动轨迹，科学研判学生整体情况，分级分类制定个性化方案，增强学生个性化发展的能力和自信心。同时，辅导员要不断强化思想引导，充分利用新媒体平台宣传"四个自信"，教育引导学生积极关注新媒体讯息，正确认识世界和中国发展态势，做到全面发展、个性化发展。

（3）突出重点，做学生成长的主心骨

举网以纲，千目皆张。高校辅导员虽然要时刻坚守岗位，绷紧心弦，但切忌眉毛胡子一把抓，要突出重点，把握关键，做学生成长的主心骨，持续为学生成长成才搭建良好平台。要始终秉持守土有责、守土担责、守土尽责的理念，认真落实上级思政工作政策和要求，引导学生健康成长和发展②。遵循思想政治教育和大学生心理发展规律，开展心理健康教育，做好心理咨询工作，提高心理调节能力，培养良好心理品质，促进大学生思想道德素质、科学文化素质和身心健康素质协调发展。要时刻关注困难学生的思想状况和成长发展规划，为他们送去温暖的关怀和心灵的抚慰，帮助他们合理、科学地规划自身职业生涯，树立信心、健康生活、成就梦想。要重点关注学生心理变化，为学生提供有效的心理健康教育和心理援助，及时进行心理干预和危机干预，切实做好学生情绪疏导和安抚工作，保障学生心理健康。

由此可见，高校辅导员的主旨工作是对大学生进行思想政治教育，确保学生发展的正确政治方向。同时，高校辅导员还要以大学生思想政治教育为主线，把日常学生事务管理、党团和班级建设、大学

---

① 朱卫国. 用良心做高校辅导员工作［J］. 高校辅导员，2012（3）：3-7.
② 朱卫国. 用良心做高校辅导员工作［J］. 高校辅导员，2012（3）：3-7.

生心理健康教育、大学生学业指导和生涯规划、危机事件处置等各项工作融入其中，全方位、全过程指导学生健康发展。

（三）高校辅导员专业化发展的视域

1. 做好学生的教育引导

高校辅导员做好大学生思想政治教育工作的第一职能就是教育引导大学生朝着正确的方向前进和发展。具体来说，首先要教育引导当代大学生牢固树立"四个意识"，坚定"四个自信"，坚决做到"两个维护"，自觉在思想上、政治上、行动上同以习近平同志为核心的党中央保持高度一致，强化青年学生学习发展中的政治责任和政治担当，旗帜鲜明做好中国特色社会主义事业的建设者和接班人。其次，要教育引导当代大学生正确认识世界和中国发展大势，正确认识中国特色和国际形势，正确认识时代责任和历史使命，正确认识远大抱负和脚踏实地之间的关系。四个"正确认识"，既是教育引导青年学生成长发展的内在需求，也是培养青年、教育引导青年的重要目标，更是当前思政教育工作加强针对性、实效性的着力点和切入点。同时，辅导员也要根据工作的职责内容，做好网络思政、学生党建与班团建设、学风建设、社区文明建设、危机事件预防、心理健康教育与生涯规划等多方面的教育引导工作。

2. 做好学生的发展辅导

辅导员在与学生沟通交流的过程中，要从更广阔的视野观察学生的各种问题。实际上，很多学生的问题都属于发展过程中的发展性问题，只要具体问题具体分析，指导学生解决了发展过程中的困惑或具体困难，就相当于解决了他们的问题。发展是硬道理，这句话用在学生工作中同样很有价值和意义。辅导员要拓展路径、开阔视野，积极主动地为学生的个性化、适切性发展搭建各类各层级的平台，特别是要充分运用网络新媒体、融媒体等平台千方百计指导学生的学业发展，解答学生在学业中遇到的现实疑惑，增强工作的吸引力和感召力，最大限度地引领学生走向全面发展。辅导学生学业发展要把物质帮扶和精神帮扶结合起来，也要把短期发展和中长期发展结合起来，增强学生的自我"造血"功能，实现"助人自助"的发展目标。要在学业发展的辅导过程中，注重学生思想政治素质和道德素质的提升，同时要特别关注心理弱势、身体缺陷等学生的发展，引导这些学生自强自励，尽最大努力实现身心和谐和精神愉悦，为自身的发展奠定坚实的基础。

3. 做好学生的健康生活指导

大学生的成长成才离不开健康的生活理念和安全的生活环境，高校辅导员要引导大学生养成绿色环保、可持续的健康生活理念和生活方式，同时要切实引导学生做到遵章守纪，确保学生社区的安全、和谐和稳定。辅导员在加强个体辅导外，可以通过团体辅导加强学生自信心、沟通能力、团队合作能力、创新实践能力等素质，促进学生身心健康[①]。辅导员在平时的工作中要善于积累典型案例，并对这些案例进行有针对性的分析，用事实教训和鲜活经验引导学生科学、合理、健康地安排自己的生活，排除重大隐患。学生的安全是学生发展的基本保障，包括人身、财产等显性安全问题，也包括思想、情趣、作风、意识等隐性安全问题。辅导员要敏锐捕捉这些安全信息，做到胸有成竹、脚步不乱。辅导员要透彻掌握学校的突发事件预防和应急处置相关文件的要求及具体的流程，做到能随时应对并处置紧急情况。在日常工作中，辅导员可以积极参与学校相关部门对校园交通事故、治安、火灾，以及重大公共卫生事件的演练处置过程，积累丰富的经验，提升危机预防和干预能力，为学生的健康生活和身心安全保驾护航。

4. 做好学生的日常管理向导

良好的、有秩序的校园环境，对大学生的成才发展是至关重要的，优良的校风、教风和学风是一所大学文化精神的重要体现。辅导

---

① 黄向军，孙小莉，主编. 高校辅导员工作月历，北京高校十佳辅导员［M］. 北京：国防工业出版社，2016：105.

员的日常管理工作，对营造良好的校园环境非常重要。科学的、细致的、贴心的日常管理和指导，能为大学生营造温馨家园的感觉，让大学生乐于在校园里学习，也能够提升大学生的人文素养。高校辅导员是大学生日常管理工作的组织者、实施者和指导者，要善于运用学校的资源和环境优化日常管理工作，营造出文化气息浓厚、学生参与度高的校园社团文化氛围。高校辅导员要提升工作的主动性和创新性，善于创设有助于学生个性化发展、全面发展的组织环境，有针对性地、创造性地进行管理协作，提高日常管理活动的效能。高校辅导员在日常管理工作中，要加强学生生涯管理、就业引导、实践发展方面的咨询和服务工作，让更多的学生能够从重要的日常管理和服务中获益，提升学生的获得感和认同度。

二、 高校辅导员专业化发展的基本要求

高校辅导员既是大学生日常思政教育和管理工作的组织者、实施者和指导者，又是大学生思政教育的骨干力量，其职业化、专业化发展的水平很大程度上决定了大学生思想政治教育的效果①。因而，需要加强辅导员的职业化、专业化内涵建设，为大学生的成才发展提供良好的师资。辅导员的专业化建设是职业化发展的内在基础，那么辅导员专业化发展的基本要求都有哪些方面呢？下面，我们从五个方面进行分析：

（1）要有特定的岗位职责和工作任务

高校辅导员的主要职责就是做好学生的思想引导和成长成才服务工作。辅导员的主业是做好大学生的思想政治教育工作，其次是做好学生事务管理工作，包括党团班级管理、学风建设、就业创业指导、心理咨询、社区管理、生涯规划、国际化等各项工作。

（2）要有共同的职业追求和职业伦理

高校辅导员承担着立德树人的重要使命，要具备高尚的品格修养

---

① 高等学校辅导员职业能力标准（暂行）[Z]. 教思政〔2014〕2号.

和道德涵养。一个高校辅导员至少要负责 200 个学生，高校辅导员的思想品格和行为操守直接影响着人才培养的方向和规格。因而，在专业化发展的进程中，高校辅导员群体必须形成共同的有约束力的职业精神和伦理准则，用优良的品格和伦理精神感染和影响学生，助力学生成长成才。

（3）要有专兼结合的丰富学识

辅导员的工作综合性非常强，要求也比较高，既要有思政专业的基本理论素养，更要具备心理学、管理学、社会学、教育学等多学科的知识，因而辅导员的专业化必然是以思政专业知识为核心的多学科知识融通提升的过程。

（4）要有明确的分层分类发展体系

辅导员专业化发展的基本趋势就是要有低、中、高的层级化发展体系，且要在实践中实施推进，形成不同层级的传帮带体系。同时，辅导员要在综合能力达标的基础上，培育和发展自我的特色工作方向或类型，成为这一方向或类别的专家。辅导员的分层分类发展与辅导员的综合化发展是相辅相成的。

（5）要有严格健全的准入培养机制

高校辅导员是立德树人的骨干力量，辅导员政治素质高、综合能力强，育人育才能力也会很高。只有实行严格健全的准入制度，辅导员的职业发展才有根本遵循[①]。因而，辅导员的专业化发展需要构建一套完整的选聘录用、培养考核、晋级发展的综合性专业化体系，严格职业准入标准，强化专业化培养培训机制，畅通职业发展渠道，实现专业化可持续发展。

三、 高校辅导员专业化发展的趋势

高校辅导员的专业化、职业化发展是不可分割的，总体上来说，

---

① 李守信. 高校辅导员职业发展标准体系构建的思考［J］. 高校辅导员，2015(1)：3－7.

高校辅导员的发展有三种方向①：一是"专"，即在专业化、职业化的道路上一直走下去，成为大学生思政工作的能手，成为辅导员工作领域的行家和专家；二是"升"，即在辅导员的工作岗位上干得出色，被提拔到机关管理部门担任领导职务，发挥更重要的作用，体现更大的工作价值，成为高校领导干部队伍的骨干力量；三是"转"，即从辅导员岗位转任到高校其他工作岗位，继续发挥适合个人工作能力和特点的岗位作用。以上三种发展趋势在辅导员的专业化发展中都有价值，但要掌握一个合适的"度"，做到有机结合，既不影响队伍发展的稳定性，又能够增强队伍发展的内生活力，实现专业化、职业化发展。

（一）辅导员的专业化发展

一般来说，"专业化"即是指经过专门培训的专业人员专门从事某项工作并且不断提高的一个过程②，即某一个社会群体遵循科学与规范的专业标准，接受专门教育或训练，使群体中的个体的专业知识、专业技能、专业发展意识等方面不断提高的动态过程。由此来看，辅导员的"专业化"就是指经过专门的教育和培训的人员逐步走上辅导员工作岗位，并且在实际工作中不断提升自身专业知识和职业能力的过程。基于对辅导员工作性质和工作内容的认识，我们认为辅导员必须具备思想政治教育的基本知识和专业技能，高校辅导员还要掌握大学生思想政治教育工作的内在规律和特点。只有不断丰富思想政治教育工作的专业化知识，夯实思想政治教育工作的能力，创新思想政治教育工作实践，辅导员才能切实提高大学生思想政治工作的成效，完成立德树人的神圣使命和育人育才的工作任务。

（二）辅导员的职业化

一般来说，"职业化"是指在职场中按照一定的行为规范进行活

---

① 李洪波. 基于演化视角的高校辅导员管理研究［D］. 江苏大学，2010：89-95.
② 胡建新. 高校辅导员专业化标准研究［J］. 思想教育研究，2016（8）：41-44.

动的行为或发展趋势。职业化要有专门的准入机制、培养机制、考核机制和晋升发展机制，具有不可替代性，不是"谁想干都可以、怎么干都行、干得怎样都可以"。因而，辅导员的"职业化"就是指辅导员的发展要有明确的职业定位和专业化发展路径，形成统一规范的辅导员职业管理、培养、考核机制和发展体系等。因而，从广义的辅导员职业化来讲，辅导员这一职业需要相应的工作准入机制、工作领域、工作规范、考核机制、发展通道。从狭义的辅导员职业化来讲，辅导员必须在大学生的教育管理和服务工作中提供更全面、更专业的指导与咨询服务，最大限度运用职业化发展举措，更有效地助力大学生的健康成长和全面发展。

（三）辅导员的专家化

一般来说，"专家化"是指在某一研究领域的工作者具有扎实的基础研究积累和较高的理论造诣，进行专门的系统研究并取得一系列的研究成果的过程。辅导员在专业化的基础上进入辅导员职业的高度层，成为辅导员职业功能中某个领域的专家，并在工作中有效发挥专家的实际作用①。辅导员的"专家化"要求辅导员要在大学生思政教育、事务管理、服务保障领域开展深入的专门研究，取得相应的高水平学术成果，具有理论和实践操作的丰富经验，成为大学生思想政治工作领域的知名学者。

结合辅导员的工作角色和工作职责来看，我们认为辅导员队伍的专家化就是要使辅导员队伍中涌现出能够在大学生思想政治教育、学生事务管理、心理健康教育、职业发展规划、危机事件处置、网络思政教育、创新创业指导等方面具有扎实的理论功底和实践能力，并具备较高的学术水平的人才。专家型辅导员可能是少数，但却能成为辅导员工作中理论和实践有机融合的典范，成为辅导员领域的标杆。

---

① 孙立，李凡. 高校辅导员专业化发展的基本内涵与策略探析 [J]. 思想教育研究，2017，33（1）：120-123.

第二节　高校辅导员专业化发展的体系和路径

理论的生命力在于对实践工作的有效指导。用辅导员专业化发展的最新理论成果，指导辅导员队伍建设的工作实践，是本研究的重要目标。在研究过程中，笔者在深入学习和认真总结部分高校辅导员队伍专业化建设的先进经验和有效做法的基础上，回顾并梳理了辅导员队伍专业化发展的基本脉络，用创新的理论成果进一步丰富和完善辅导员队伍的专业化发展综合体系，在辅导员的专业信息素养与建设、辅导员专业化发展的基本体系和有效策略构建等方面进行了大量富有成效的实际探索，提升了辅导员队伍专业化发展的理论层次和实践水平。

一、　高校辅导员专业化发展的体系

新形势下，要充分发挥辅导员的骨干作用，必须加强辅导员队伍的专业化建设，其中最基本的是辅导员队伍的专业化发展体系建设。

（一）构建高校辅导员专业化发展体系的必要性

构建高校辅导员专业化发展体系是加强辅导员队伍建设的需要。自 1953 年清华大学设立辅导员岗位以来，我国高校的辅导员队伍建设工作取得了长足的发展，但仍存在着整体素质不高、结构不合理、工作职责不明、流动性大等问题。为解决好这些问题，我们必须进一步明确辅导员的岗位职责，使辅导员的工作条理化；划分辅导员的级别，进一步优化辅导员队伍的结构；提高辅导员的地位和待遇，增强辅导员队伍的稳定性。要达到上述目标，需要有一个明确的标准作为参照，这个标准就是高校辅导员专业化发展的体系。

构建高校辅导员专业化发展体系是形势的需要。随着时代的发展，新一代高校大学生在思想、心理、行为等方面均发生了显著的变化，大学生思想政治教育工作面临着巨大的挑战。大学生学习、生活及发展的环境同改革开放前以及改革开放初期的情况对比都有重大的变化，学生们的思想独立性、选择性、变异性、差异性显著增加①。面对这一系列的新问题，迫切需要建立一支稳定的、高水平的辅导员队伍。高素质的辅导员队伍的建立首先需要完善相关的辅导员选拔、培训、考核、评价制度，而完善相关制度的前提就是要构建辅导员的专业化发展体系。

构建高校辅导员专业化发展体系是提高辅导员自身职业归属感和满足其职业期待的需要。目前，我国高校尚未形成完备的辅导员队伍培训体系和培养机制，缺乏公认的辅导员专业化发展和评价体系，高校辅导员被边缘化而且始终处于离散型的非专业化状态，辅导员工作存在"三高三低"的现象，即工作强度高、工作压力高、专业化标准高，社会地位低、工作成就感低、工作满意度低。为了改变这一状况，必须建立辅导员岗位的专业化发展标准和职业规范，以确立其独立的职业地位，增强其职业归属感；应拓展辅导员的专业化发展空间，使他们逐步达到相应的专业化发展层级，并给予相应的级别待遇，使他们有晋升的机会，以满足其职业期待。

（二）高校辅导员专业化发展体系的内容

1. 专业知识与技能

专业知识是指一定范围内的相对稳定的系统化知识。辅导员所需要的专业知识包括思想政治教育学、青年学、心理学、管理学、职业生涯发展理论等。实现辅导员专业化发展不仅要掌握专业知识，还需要系统地运用专业知识开展实践工作，更重要的是能够将实践经验向

---

① 冯刚. 论辅导员的专业化培养和职业化发展 [J]. 思想教育研究，2007 (11)：13 – 15.

理论研究升华，再以理论指导实践活动，促进实践工作的创新发展①。专业技能是指通过学习和训练，形成一定的操作技巧和思维活动能力。辅导员专业技能包括教育能力、管理能力、服务能力、解决问题的能力等。辅导员所从事的工作是一项具有较强实践性和综合性的工作，既需要有各种专业知识做基础，同时也需要有各种专业能力做后盾。专业知识与技能方面的内容符合辅导员岗位职能的要求，是辅导员专业化发展中最基础的内容。

2. 职责范围

辅导员的职责包括开展大学生思想教育工作、党团建设、学生日常事务管理、职业规划和就业指导等。辅导员工作相对来说比较繁杂，明确其职责范围有利于提高工作效率，防止其产生职业倦怠，同时能够提高辅导员的职业归属感。这一方面的内容是辅导员专业化发展中的核心内容。

3. 职业道德

职业道德是指人们在职业生活中应遵循的基本道德规范，它是一般社会道德在职业生活中的具体体现。对大学生进行思想政治教育是辅导员的重要工作内容之一，因而提高辅导员的职业道德素养，显得尤为重要。辅导员在工作中要做到爱岗敬业，乐于奉献，忠诚于党的教育事业，热爱本职工作；应注意提高自身的修养，严格要求自己，把做人与育人统一起来，时时处处做学生的良好榜样，能正确处理好集体与个人的关系，有良好的奉献精神，品行端正、诚实、公正、谦虚、廉洁，能够用自己的人格魅力影响、感染学生。职业道德也是辅导员专业化发展中不可缺少的内容。

4. 考核、监督与管理等方面的制度

辅导员的考核、监督制度包括每学期对辅导员各项能力的测评、学生的评议、部门监督检查等。辅导员的管理制度包括奖励、晋升和

---

① 孙立，李凡. 高校辅导员专业化发展的基本内涵与策略探析［J］. 思想政治教育研究，2017，33（1）：120－123.

淘汰等制度。辅导员管理工作应与每次考核结果相联系，对于考核优秀者应给予一定的奖励，在考核达到指定等级且积累了一定的工作岗龄便可以得到晋升，连续两次考核不合格者要被淘汰。辅导员的考核、监督、管理制度的建立使辅导员队伍的管理有章可循、有据可查，拓展了辅导员的发展空间，增加了辅导员的职业期待感，是促进辅导员职业健康有序发展的重要保证，因而这一内容也是辅导员专业化发展的一项重要内容。

5. 学术涵养和社会荣誉

学术涵养包括参加学术论坛、与国外大学教育管理工作者进行交流并从中吸取经验、对教育管理方面课题的研究尤其是对大学生思想政治教育方面的问题进行研究、与国内学者探讨如何做好辅导员工作等内容。社会荣誉包括国家级、省级的奖项和荣誉称号。辅导员专业化发展中的这一方面，对初级辅导员没有相关的强制性要求，而对中、高级辅导员提出了特定的要求。

（三）高校辅导员专业发展体系的构建

根据教育部《高等学校辅导员职业能力标准》对辅导员职业角色和职业功能的定位及要求，深入研究辅导员专业化发展的内涵，对新时代背景下辅导员的专业化发展十分重要[1]。辅导员的专业成长应该是"一专多能"（1＋X）的倒"T"字型专业化成长结构。"多能"是指辅导员必须掌握适应工作岗位所需的多种基本技能，"一专"是在"多能"基础上职业研究方向的专业化。

在探讨了高校辅导员专业化成长发展的内容之后，根据高校辅导员专业发展的规律，以及高校辅导员专业化发展阶段性的等级划分，可对其在不同的发展阶段所应具备的专业能力加以区分，具体可分为初级辅导员、中级辅导员和高级辅导员三个等级，这三个等级是循序渐进的。三个等级标准既有相互交汇重合的部分，又是层层递进的关系。

---

[1] 高等学校辅导员职业能力标准（暂行）［Z］. 教思政〔2014〕2 号.

1. 初级辅导员

"初级辅导员"是大学生事务管理工作者正式上岗后的称谓，对辅导员提出了最基本的要求，为辅导员的进一步发展奠定了基础。

2. 中级辅导员

中级辅导员是指具有一定的工作经验、能灵活处理学生事务的辅导员。它在初级辅导员专业标准的基础上提出了更高的要求。

3. 高级辅导员

高级辅导员是辅导员专业化发展体系中最高的一级，要求辅导员能灵活运用理论知识解决实际问题，能够有计划、有目的地开展教育活动。高级辅导员是辅导员队伍中的"专家"，拥有丰富的理论知识和实践知识，能够应对大学生中出现的各种问题。

以上三个等级标准共同构成了高校辅导员专业化发展体系，它们之间的关系是相互联系、层层递进的。值得一提的是，各等级所涵盖的内容与要求还有很多方面尚不明确，仍有待于进一步深化；等级的确立方面仍存在很多不足之处，各高校辅导员管理职能部门要以此为基础加以探索，以便更快更好地推动辅导员的专业化建设。

二、 高校辅导员专业化发展的路径

为了推进辅导员队伍的专业化发展机制建设，我们应从大学生思想政治教育的全局出发，综合考虑辅导员队伍的科学化、专业化、职业化发展，切实加强对高校辅导员队伍建设的组织管理领导，积极制定符合实际且更具操作性的辅导员队伍发展配套措施，努力统筹各方面的发展资源，营造和谐有序、生动活泼的发展环境和氛围机制，调动不同层级辅导员的积极性、主动性，形成发展合力。科学化、专业化、职业化是高校辅导员发展的必然趋势，也是一个循序渐进、不断摸索的过程①。

---

① 虞丽娟，黄晞建，主编. 哲学社会科学论坛（第 5 辑）［M］. 上海：东华大学出版社，2012：7.

（一）加强辅导员协会组织的作用和功能

随着政府职能部门业务职责范围的分化和转化，很多原本属于政府部门的工作，都归属到行业协会当中，政府部门只充当工作指导单位的角色。这从客观上提高了行业协会组织的地位，强化了其功能。一般来说，行业协会是一种社会性团体组织，属于民众自愿组成的民间自律机构。中国科学院国情研究中心研究员康晓光将行业协会的基本职能归纳为八个方面：一是代表性职能，代表本行业全体成员的共同利益和共同诉求。二是沟通交流职能，作为政府与行业企业之间的连接桥梁，向政府传达行业企业的共同要求，同时协助政府制定和实施行业发展规划、产业政策、行政法规和有关法律法规。三是协调组织职能，制定并执行行规行约和各类行业标准，协调同行业之间的竞争和发展行为。四是监督规范职能，对本行业产品和服务质量、竞争手段、经营作风和职业规范进行严格监督，维护行业信誉和职业操守，鼓励公平竞争，打击违法、违规、不正当竞争行为。五是公证职能，受政府职能部门委托，进行资格审查、签发证照，如市场准入资格认证，发放产地证、质量检验证、生产许可证和进出口许可证等。六是统计核算职能，对本行业的基本情况进行统计、分析、核算并发布相关结果。七是调查研究职能，开展对本行业国内外发展情况的基础调查和发展趋势研判，研究本行业面临的问题，提出举措建议，出版刊物，供企业和政府职能部门参考。八是狭义的服务咨询职能，如信息服务、教育与培训服务、咨询服务、举办展览、组织会议、组织论坛等。

高校辅导员行业协会，是以高校辅导员为主体，自愿联合结成的社会性团体组织。目前，在全国层面，受教育部思政司指导的辅导员行业协会是中国高等教育学会辅导员研究分会，设在山东大学。辅导员行业协会，在不同的省份可能名称不同，如在江苏省，名称为江苏省高等教育学会辅导员工作研究委员会。它以服务辅导员为中心，引导辅导员职业能力和专业化素质的不断提升，切实促进辅导员工作方式方法的有效改进，以推进辅导员工作的职业化、规范化和专业化发展为基本宗旨。高校辅导员行业协会能够进一步发挥辅导员在大学生思想政治教育中的骨干作用和组织协调功能，加强辅导员之间的经验交流和知识共享，有效促进辅导员个人素质与综合能力的全面提升，促进辅导员工作专业化水平的层级化发展，逐步推进辅导员工作的职业化、专业化发展进程。

（二）设置辅导员教学研究机构

高校辅导员队伍的主要职能是做好大学生的思想政治教育工作，其中辅导员还应开展相应的思政或素质类课程教学，做好思政工作研究和教学工作。国外辅导员的专业化发展有一个显著的优点，就是利用自己的专业所长为学生提供辅导，并且辅导员还会有自己的科学研究方向。这样不仅可以为学生提供辅导，完成本职工作，还可以丰富开展专业研究的实证经验①。高等教育改革的逐步深化使高校的学生教育管理工作面临着许多新的问题和挑战，传统的教育管理模式已不适应新时代的新要求，必须做出必要的变革和创新。上级有关部门对就业指导、职业发展、心理健康、军事理论、形势政策、社会实践、公共艺术教育等都提出了进课程的相关要求；现在在校学生基本都是独生子女，相对而言自理能力较弱，需要对他们进行反复指导和针对性引导才能提高教育效果，传统的依靠活动、开会、报告的工作模式已经不能满足新的工作要求；高校现有的部分思想教育课程还存在着一味地说教的情况，没能较好地与学生的个性行为发展有机结合起来，没有真正做到知行合一；辅导员的专业化发展要求辅导员必须具备较高的理论水平，这就需要加强工作方面的理论研究；辅导员的"双线"晋升也需要理论和实践的平衡才能发挥政策的最大效果和最佳效应。在学校辅导员管理部门（学生工作部）设置一个类似于其他教学单位的教学研究机构，可以称为大学生素质教育中心，能够有效

---

① 罗公利，聂广明，陈刚. 从国际比较中看我国高校辅导员的角色定位 [J]. 中国高等教育，2007（7）：61 -63.

解决以上这些问题。

目前，江苏大学已经设立了辅导员的教研机构，挂靠在学生工作部，名称为大学生素质教育中心。辅导员教研机构的教学内容来源于学校正在开设的、分散在各个部门组织的、学生成长引导方面的素质类课程，如宣传部负责的形势政策课，保卫处负责的法纪与安全课，人武部负责的军事理论课，心理健康中心负责的心理健康课，团委负责的公共艺术课，学生工作处负责的就业指导、创业教育、职业生涯发展和学业规划课，以及考研辅导、出国指导类课程等。所有这些课程有两个共同的特点：一是教学队伍主要以辅导员为主体，二是主要面向本科生。因而，学校有必要且有足够的基础对其进行整合，实现辅导员教研相长、理论与实践相结合。具体而言，这种整合主要包括两个层面，一是能够有效解决一支队伍接受多头管理的问题：宣传部、心理中心所负责的课程，教学骨干队伍主要是辅导员；就业指导、创业教育、职业（学业）规划、考研出国指导也要充分利用辅导员的教学力量；保卫处负责法纪与安全课，人武部负责军事理论课，从事教学的保卫处、人武部工作人员与辅导员队伍比，教学经验和效果后者更为明显有效，也应该转为以辅导员教学为主。二是能够进一步提高教育引导的实际效果。这些课程主要是面向本科生的成长发展教育，应该根据学生的成长规律和个性特点分阶段设置课程内容，科学把握实施进度，如可在大学四个年级同时、有计划地开展必修课和选修课。以心理健康课程为例，传统的教学模式是学生在某个年级阶段选修，而在其余的几年就不再学习相关内容，但学生的心理问题每个时期都会存在，导致课程引导的覆盖不全面。经过课程的统一整合以后，心理健康的教育内容分散在四个年级同时进行，不同的年级具有针对性的教学内容，这样实施的好处就是这门课程的少数学时和其他课程整合后的学时可"捆扎"为一门新的课程，针对这个年级的情况进行阶段性教学，提高教育的针对性和有效性。

（三）实施辅导员资格准入制度

资格准入制度是指通过权威机构认定的考核鉴定机构，对拟从业者的技能水平或从业资格进行客观、公正、科学、规范的评价和鉴定，对达到某一职业的学识、技术和能力的起点标准授予相应的从业资格证书，允许其从业的制度①。辅导员的工作性质和工作职能决定了辅导员职业的特殊性。要科学推进辅导员队伍专业化、职业化建设，就必须抓好职业准入这个入口关。高校辅导员的选拔聘用必须坚持政治强、业务精、纪律严、作风正的严格标准，把德才兼备、乐于奉献、潜心教书育人、热爱大学生思想政治教育事业的优秀人员选聘到辅导员队伍中来，在立德树人工作中发挥更大的作用。

实施科学的辅导员资格准入制度，根据教育部令第43号《普通高等学校辅导员队伍建设规定》，高校辅导员的任职资格应具备以下基本条件：一是具有较高的政治素质和坚定的理想信念，坚决贯彻执行党的基本路线和各项方针政策，有较强的政治敏感性和政治辨别力；二是具备本科以上学历，热爱大学生思想政治教育事业，甘于奉献，潜心育人，具有强烈的事业心和责任感；三是具有从事思想政治教育工作相关学科的宽口径知识储备，掌握思想政治教育工作相关学科的基本原理和基础知识，掌握思想政治教育专业基本理论、知识和方法，掌握马克思主义中国化相关理论和知识，掌握大学生思想政治教育工作实务的相关知识，掌握有关法律法规知识；四是具备较强的组织管理能力和语言、文字表达能力，以及教育引导能力、调查研究能力，具备开展思想理论教育和价值引领工作的能力；五是具有较强的纪律观念和规矩意识，遵纪守法，为人正直，作风正派，廉洁自律。

随着辅导员专业化、职业化的逐步推进，高校辅导员资格准入制度需要加快实施，最终要建立起行业性职业资质认证体系。这种认证体系以专业资格证书为依托，要像律师资格证书考核一样，打造辅导师专业资格证书，有效提升这一职业的含金量和社会认可度。认证时可以通过权威的辅导员行业协会组织专家学者对其进行理论知识和实

① 王娟. 论辅导员资格准入制度的内容体系和实施策略 [J]. 思想理论教育，2011 (1)：82 - 86.

践技能的全程考核。同时，辅导员行业协会也要整合大学生思想政治教育、学生事务管理、心理咨询与疏导、生涯发展指导、就业指导、学业规划指导、考研出国指导等方面的理论知识和实践经验，形成相对统一的教材，设立专门的考试题库，以及规范的实践考核体系，通过测评和任职实习来评判辅导员的从业素质和能力水平，以通过考试（笔试和实践操作）取得证书为通过任职资格的基本标志。

（四）建立辅导员职称评审制度

建立辅导员评审制度，有利于使辅导员队伍职称结构更加合理化，为辅导员队伍专业化职业化建设提供制度保障①。《普通高等学校辅导员队伍建设规定》（教育部令第43号）第十一条规定：高等学校应当结合实际，按专任教师职务岗位结构比例合理设置专职辅导员的相应教师职务岗位，专职辅导员可按教师职务（职称）要求评聘思想政治教育学科或其他相关学科的专业技术职务（职称）。专职辅导员专业技术职务（职称）评聘应更加注重考察工作业绩和育人实效，单列计划、单设标准、单独评审。将优秀网络文化成果纳入专职辅导员的科研成果统计、职务（职称）评聘范围。第十二条规定：高等学校可以成立专职辅导员专业技术职务（职称）聘任委员会，具体负责本校专职辅导员专业技术职务（职称）聘任工作。聘任委员会一般应由学校党委有关负责人，学生工作、组织人事、教学科研部门负责人，相关学科专家等人员组成。

根据上述文件精神，高校需要建立一套针对辅导员职称评审的规范制度，设立高等学校学生思想政治教育教师职称评审序列（助教、讲师、副教授、教授），制定符合辅导员工作实际的职称评审条件和程序，实现评审单列、指标单列、标准单列，扩展辅导员发展空间。教育行政部门和高校都要在总的评聘指标中划出一定的比例专门用于专职辅导员教师职称的评定，并结合思想政治教育工作实践性强的特

---

① 董祥林，主编. 秋实：陕西省高等学校思想政治教育理论研究成果汇编［M］. 西安：西北大学出版社，2008：231.

点，加强对辅导员的思想政治素质、理论政策水平和工作实绩的考核，既根据辅导员在学生思想政治教育方面的理论研究成果来进行评审，又注重辅导员科学研究的能力和实际工作成效的结合，以工作实绩为衡量的主要方面。

当然，由于高校辅导员岗位存在较大的流动性，高校在实施辅导员职称评聘工作的过程中，既要考虑工作在学院一线的辅导员，还要把学生工作部和学校团委等机关部门的辅导员纳入到辅导员职称评聘序列中来，整体考虑具备辅导员工作身份和工作经历的教师人员，增强辅导员队伍的吸引力和发展潜力，为辅导员专业技术岗位的同级转聘创造最充分的条件，从而促进辅导员队伍的专业化、职业化发展。

（五）建立辅导员职级发展制度

《普通高等学校辅导员队伍建设规定》（教育部令第 43 号）第六条规定①：专职辅导员是指在院（系）专职从事大学生日常思想政治教育工作的人员，包括院（系）党委（党总支）副书记、学工组长、团委（团总支）书记等专职工作人员，具有教师和管理人员双重身份。高等学校应参照专任教师聘任的待遇和保障，与专职辅导员建立人事聘用关系。第十条规定：高等学校应当制定专门办法和激励保障机制，落实专职辅导员职务职级"双线"晋升要求，推动辅导员队伍专业化职业化建设。

根据这一文件精神，高校辅导员既可以评聘教师系列职称，也可以聘任为管理系列职务，通过辅导员职级制的建立，设立科员至处级辅导员，这样既可以解决乐于长期从事大学生思想政治教育工作人员的职级发展待遇问题，又可以在很大程度上调动和激励年轻辅导员潜心于大学生的思政教育和教育管理服务工作。如江苏大学根据辅导员工作年限、工作实绩、考核结果等条件设置 1 至 5 级辅导员职级岗位，对应科员、副科、正科、副处、正处实职岗位，为辅导员提供发

---

① 普通高等学校辅导员队伍建设规定 [Z]. 教育部令〔2017〕43 号.

展空间。另一方面，健全辅导员职员"发展"机制。学校根据工作年限、工作实绩、岗位职责等条件设置职员职级，1 至 5 级辅导员分别对应享受九级、八级、七级、六级、五级职员待遇，实现职级制和职员制双向互通，辅导员可享受职级或职员中较高一方的待遇。

（六）实施辅导员科研资助制度

高校辅导员要实现专业化、职业化发展，必须要提升辅导员的科研能力，只有思政理论水平高，才能够更好地指导具体工作实践，形成理论和实践相互促动的良性循环。高校辅导员工作内容繁杂、任务艰巨、体系庞大，主要工作与日常琐事相互渗透、难以区分。平时，辅导员的大量时间和精力都投入到了学生教育管理工作的第一线，很少有人能像高校专业教师一样，潜心学术科研，提升理论水平。要建设一支高素质的辅导员队伍，必须建立一套完善的辅导员科研资助制度，提升辅导员的理论素养，切实帮助辅导员在先进理论的指导下积极探索适合高校实际情况的大学生思想政治教育工作方法。当前，国内各个高校逐步开始注重辅导员科研能力的培养，很多高校根据自身的特点研究构建一系列辅导员科研资助保障体系，从不同层面对学校辅导员进行科研工作的督促、引导、鼓励和奖励，提升辅导员的科研素养和理论能力。如江苏大学为引导辅导员全面开展教学科研活动，每年投入 30 万元作为辅导员专项课题经费，截至目前已立项资助 200 余项专项课题。学校成立了大学生素质教育中心，下设 5 个研究室，全校所有专职辅导员按各自专业方向、研究特长等加入教研室，开展相关教学和研究工作。同时，由学校四、五级辅导员牵头，整合全校辅导员资源，成立了 9 个辅导员特色工作室，充分发挥优秀辅导员的示范效应，带动辅导员队伍理论水平的整体提升。此外，辅导员科研能力的提升需要地方教育行政部门、各个高校协同发力，提供更多的推进平台，如设立面向辅导员的市厅级、省级教育科学规划课题或哲学社会科学类思政专题等，为辅导员创设良好的科研发展空间。

总之，随着新时代我国高等教育改革和发展的不断深入，大学生思想政治教育工作范围的进一步扩展，以及内容的不断丰富，高校辅导员工作岗位对辅导员的知识和能力提出了越来越高的要求，辅导员队伍专业化发展也面临着前所未有的新挑战。辅导员需要投入更多的时间和精力来进行自我提升①。高校辅导员队伍专业化建设有利于增强辅导员队伍的专业素质，提升大学生思想政治教育工作的整体水平，促进大学生的全面健康发展；有利于高校辅导员工作队伍的稳定，促进这支队伍的持续健康发展和科学化发展。高校辅导员工作的专业化契合了大学生思想政治工作的形势和需求，也契合了辅导员队伍年轻化、知识化的现状②。因此，开展高校辅导员的专业化建设具有十分重要的现实意义和长远的战略意义。

三、 高校辅导员信息化发展的现状与对策

在新媒体环境下，高校辅导员的信息化发展是专业化发展的核心，因而本节内容将重点论述现阶段辅导员专业化发展中信息化发展的现状及对策。

信息素养是辅导员开展大学生思想政治教育的必备素质，也是辅导员自身职业化发展的必要条件，具体来说是指他们要有将信息技术整合于本工作岗位的观念，能对信息进行有效的检索、评价和使用，主动鉴别信息，并对信息进行批判性思考，将有用信息变成自己知识储备的一部分等，使自己成为网络思想政治教育方面的专家，走上专业化发展的道路。

（一）高校辅导员的信息素养信息化发展的现状

1. 高校辅导员的信息素养

就高校而言，辅导员是思想政治工作干部的主体，是开展大学生

---

① 于培丽，郭晓妮，贾鹏. 高校辅导员精准化工作流程实践研究 [J]. 高校辅导员，2017（5）：63 - 66.

② 谢志芳. 职业化视野下高校辅导员信息素养的现状与对策 [J]. 学校党建与思想教育，2012（33）：94 - 96.

思想政治教育的骨干力量。面对爆炸式增长的信息量，信息素养（In-formation Literacy）作为信息时代的一种必备能力，正日益受到人们的关注，它不仅是高校辅导员生存于信息时代的当务之急，更是他们实现终身学习、成为专家型辅导员的必备素养。

辅导员专业发展是指辅导员在思想政治教育工作生涯中，通过不断的学习和实践，逐步成长为一名专业化工作者的过程。信息素养是信息意识中最高级、最宝贵的部分，也是终身学习必备素质之一。信息素养内容应包括信息意识、信息知识、信息能力、信息道德等几方面。因此，高校辅导员不仅要有信息素养方面的基本知识和技能，更应该具有在工作中有效运用信息技术的知识和能力，强调的是符合辅导员的职业特殊性和工作需要。随着高等教育信息化和辅导员专业化的发展变化，高校辅导员更应具有专业的信息素养①，应把信息素养作为辅导员队伍的必备素质来抓，以适应信息化社会提的新要求，而网络信息技术的发展为高校辅导员职业化发展提供新的契机。

2. 高校辅导员信息化发展的现状

辅导员专业化发展不仅契合大学生思想政治工作的形势和要求，有利于提高大学生思想政治工作成效，还符合辅导员队伍年轻化、知识化的现状，有利于拓展辅导员职业发展空间。在高校数字化、网络化的环境下，培养和提升辅导员的信息素养是适应信息化社会大学生思想政治教育工作的必然要求，大学生思想政治教育的有效性极大地依赖辅导员的信息素养。目前，高校辅导员队伍总体信息素养不是很高②，具体表现在以下几个方面。

首先，高校辅导员信息素养不高表现为信息意识薄弱，信息敏感度低，部分辅导员排斥信息化，没有尽快掌握和利用信息技术为教育管理服务的紧迫感，缺乏为培养现代化人才而提高自身信息素养的使

---

① 焦更生，主编. 教育教学研究 2016［M］. 西安：西安交通大学出版社，2017：72.

② 谢志芳. 职业化视野下高校辅导员信息化素养的现状与对策［J］. 学校党建与思想教育，2012（33）：94-96.

命感，没有意识到信息对大学生思想政治教育的重要性等。

其次，高校辅导员信息素养不高表现为信息知识的缺乏，不了解信息技术的发展，不了解信息技术基本常识、信息系统的工作原理、信息技术特点、信息技术有关的法律问题，以及信息技术新发展问题等。

再次，高校辅导员信息素养不高表现为信息技能或者能力不足，具体表现在以计算机和网络技术为基础的信息获取技能、信息分析技能、信息评价技能、信息加工技能、信息利用技能和信息输出技能等能力的欠缺，利用现代信息技术开展大学生思想政治教育的能力十分有限。从高校的实际情况看，绝大部分辅导员非信息专业毕业，掌握的计算机和网络技能较为基础，跟不上网络技术的更新。

最后，高校辅导员信息素养不高表现为信息伦理道德弱化。一方面，高校辅导员自身网络行为失范，高校在辅导员信息伦理道德建设方面只注重信息技术的培训，轻视信息道德的培养；另一方面体现在大学生网络教育管理方面，忽视对他们进行正确信息伦理道德修养的培养，导致他们不能够遵循信息应用人员的伦理道德规范，如信息的泛滥、计算机病毒肆虐、电脑黑客、网络安全、网络信息共享与版权等问题，有的甚至从事非法网络活动，走上了网络犯罪的道路，这都是缺乏信息伦理修养导致的问题。

（二）高校辅导员信息化发展的对策

1. 更新理念，增强高校辅导员信息意识

信息意识是信息能力的重要前提。随着以信息和知识为基础的新经济社会的到来，信息技术作为现代教育的基础将在高等教育发展中发挥不可替代的作用。辅导员不能不面对现实，更不能不着眼于未来，必须从现在开始，更新思想政治教育的理念，主动地、自觉地培养自己的信息意识，迎接信息化社会对人的综合能力的挑战，在工作中树立将现代信息技术整合于本工作岗位的技术观念，掌握足够的信息技术，形成全新的信息观念①。同时，高校应有针对性地加强培养辅导员的信息意识，通过开展各种培训和体验活动，帮助他们切实感受到信息化对思想政治教育和管理工作的促进作用，了解信息技术在高等教育现代化中的地位和作用。

2. 强化培训，提升高校辅导员基本信息能力

高校辅导员开展大学生思想政治教育所必备的基本信息能力包括信息知识和信息技能两部分，其中信息知识是基础，信息技能是核心。具体来说，信息知识是指人们在利用信息技术工具、拓展信息传播途径、提高信息交流效率中所积累的认识和经验的总和，它是构成信息素质的基础；信息技能是人们成功地进行信息活动所必须具有的个性心理特征，它是构成信息素质的核心。目前已有不少高校把信息能力作为辅导员选拔、晋升、考核的参考指标，这就从机制上为提高辅导员信息能力提供了保障。

3. 加强引导，提高高校辅导员信息伦理道德水平

信息伦理是指个人在信息活动中的道德情操。信息伦理要求合法、合情、合理地利用信息解决个人和社会所关心的问题，使信息产生合理的价值。作为信息自由传播的平台，网络在为人们沟通提供便利性的同时，也对人的道德水平、文明程度提出了新的要求。信息伦理道德主要依靠个人的自律来维持，尤其要注意自己独处时的言行。所谓"君子慎其独也"，即使在个人独立工作、无人监督时，有做各种坏事的机会时，依然可以"慎独"，不做坏事②。作为信息社会中的教育管理者，辅导员首先要养成良好的信息行为习惯，将信息道德意识和责任感外化，注意自律，抵制信息污染，遵循信息伦理与道德，做到"知行合一"；其次，辅导员要不断提升信息道德认识，深刻认识信息和信息技术的意义及其在社会生活中所起的作用与影响，认识到虚拟世界也是人类创造并生活着的世界，也在或隐或显地反映

---

① 焦更生，主编. 教育教学研究 2016［M］. 西安：西安交通大学出版社，2017：73.

② 李申. 论语精粹解读［M］. 北京：中华书局，2001：203.

着人类现实世界中的意识和价值观。这既是产生"慎独"意识的基础，也是维持"慎独"行为的动力。

此外，高校应根据国家法律制定相关的监管机制，规范辅导员在信息处理中的行为，将辅导员伦理道德建设纳入法治化轨道，做到自律与他律的统一，同时加强对辅导员遵守信息伦理道德的宣传和监管，构建高校网络伦理道德教育体系，通过各种途径加强对辅导员的信息伦理教育，使他们能够更加正确地掌握信息技术，更加合理地使用信息技术，这是高校辅导员信息伦理道德建设的真正意义所在。不少高校成功的实践也说明了良好的道德教育形式对辅导员信息伦理道德的形成起着决定性的作用。

第三节　高校辅导员专业化发展的创新实践

高校辅导员专业化发展的实践运用必须深入到班团一线，本节内容提出的以学生党建为引领的高校班级"人才库"层次发展工作法是辅导员专业化发展在高校二级院系的创新实践。高校辅导员在此工作法中，具有主导地位，工作法的综合性、系统性、特色化能充分彰显辅导员的专业化工作能力。

一、"人才库"层次发展工作法的内涵和价值

（一）"人才库"层次发展工作法的提出

该工作法以学生党支部为依托，充分发挥学生党员核心带动力、团学骨干（含入党积极分子）中坚支撑力、普通团员主体参与力，着力提升党团学生骨干培养质量，强化他们在青年学生层次发展中的"高势位"引导功能，实现学生个体自我发展和团队引领同步共向，成员之间优势互补、错位发展。该工作法实施的主导者就是高校的辅

导员。该工作法完善了党建工作目标、平台及考核体系，实现了党建、思想政治工作和人才培养的融合统一。

以学生党建为核心，实施基于学生党建的"人才库"层次发展实践，为大学生思想政治教育注入了新鲜的血液，是新时期大学生思想政治教育实践模式的一次重要创新，有助于推动高校思想政治教育工作的科学化发展，培育大学生的主体性道德人格，提升思想政治教育工作的有效性。这一辅导员创新工作模式，紧紧抓住学生党建这条主线，积极营造创新环境和平台，全面激发和调动先进分子的主体精神、创新精神和责任意识，在其"率先发展、率先成才"的基础上，带领更多的大学生成为又红又专、全面发展的社会主义合格建设者和可靠接班人。这里的先进分子包括党员（含预备）、积极分子、发展对象和团学骨干等①。

高校承担着人才培养、科学研究、社会服务、文化传承的重任。高校基层学生党组织是党在高校教育、管理、服务第一线的战斗堡垒，如何有效开展高校基层学生党建工作，如何进一步加强和改进思想政治教育工作，对于培养党的后备干部、德才兼备社会主义事业合格建设者和可靠接班人至关重要。党的十八大报告提出"把立德树人作为教育的根本任务"，"培养学生的社会责任感、创新精神、实践能力"②。高校学生党支部书记、思想政治工作者应把党支部工作与思想政治教育和人才培养工作紧密融合，把个体发展与团队引领有机结合，增强学生党建工作的实效，助推"全面发展、特色发展、层次发展"育人环境的形成。以学生党建为引领的"人才库"层次发展工作法就是在以上背景和现实要求下提出来的。

(二)"人才库"层次发展工作法的基本内涵

党的十八大报告用"三个倡导"明确提出了在全社会培育和践行

① 李宏刚，李洪波，李战军. 以学生党建为引领的"人才库"层次发展工作法论析 [J]. 学校党建与思想教育，2014（21）：33-34.
② 胡锦涛同志在中国共产党第十八次全国代表大会上的报告 [EB/OL].（网址见尾注）

社会主义核心价值观的战略任务。2013 年 1 月 9 日，时任教育部部长袁贵仁在 2013 年全国教育工作会议上曾指出："'三个倡导'是兴国之魂、立国之本、强国之基的有机统一，是面向世界、引导未来、凝聚民族精神的价值导向。高校是培养未来国家建设人才的重要园地，也是用社会主义核心价值体系武装青年的重要思想阵地。"① 高校要在实践中贯彻和落实"三个倡导"要求，必须发挥党建、思想政治教育和人才培养的协同创新功能，将社会主义核心价值观融入大学生成长成才的各个环节，努力做到核心价值观入脑入耳入心，在理论学习认同和素质全面拓展等多个层面引导学生学习、理解和接受社会主义核心价值观，并将其内化为自身优良的思想道德品质。

以学生党建为引领的"人才库"层次发展工作法是基于党建带团建、学生素质全面发展的创新、务实、实效做法，具有科学性、实践性和可操作性。其基本内涵是指以学生党支部党员为核心带动，以班级"人才库"层次发展实践团队为中坚引领，以全体学生参与成才为根本目标。在人才培养过程中，党员核心主导、"人才库"骨干率先引领，以班级为单位组建学业辅导、思想人际、素质拓展、自律文明等四个层次发展项目团队（团队内可分设若干特色、层次小组），进行全面实践，实现班级全体学生个体自我发展与团队引领同步共向，全体成员之间优势互补、错位发展，从而达到合力育人目的。该工作法的核心要义是：旗帜号召聚才，项目实践育才，制度保障励才，团队培养成才。

所谓"人才库"是指班级德智体美劳综合发展的先进分子的集合，初期由班级的党团骨干（包括党员、发展对象、重点积极分子、团学优秀干部等）组成，人数约有 8 至 12 人（占班级人数的 1/3），可动态调整，后期规模逐步扩大，可覆盖整个班级。入库学生要求"思想先进、能力全面、特色明显"，即德智体美劳全面发展。

"层次发展"首要含义就是辅导员（基本都是高校学生党支部书

---

① 袁贵仁. 在 2013 年全国教育工作会议上的讲话 [EB/OL].

记）在大学生的教育管理过程中，要形成梯队发展思想：党员是核心主导（第一梯队），"人才库"成员是中坚引领（第二梯队），其余学生要全面参与多样发展（第三梯队）。此外，"层次发展"的另一个含义是指在第一、第二梯队率领及第三梯队主动参与下，在班级组建学业辅导、思想人际、素质拓展、自律文明等四个层次发展团队（团队内可分设若干特色、层次小组，如学科、课程、文体俱乐部等），班级每个学生都要至少归属其中一个团队，实现班级全体学生个体自我发展与团队引领同步共向，全体成员之间优势互补、错位发展，实现个性发展和全面发展有机融合。总之，层次发展既指四个不同类别发展团队，也指"团员—积极分子—党员"的人才培养阶梯层次及"团队—班级—年级（专业）"的"点—线—面"层次发展引领体系。

该工作法的基本思路是"先进带学困、一同促进步"：以班级两个1/3群体（1/3党团骨干、1/3经济困难学生）为根本抓手，一方面全面发挥"人才库"党团骨干的先锋引领作用，另一方面激励挖掘品学兼优学生的帮扶带动功能，确保班级学困生素质提升不掉队。该工作法的基本理念是"两个率先""两个发展"，即班级"人才库"党团骨干要"率先成人成才、率先奉献集体"，"人才库"引领下的四个层次发展团队成员之间要"协同发展、共享发展"。该工作法的基本形式是"结对帮扶"，即在实践该工作法的过程中，在班级四个层次发展项目团队及所属小组在党团骨干引领下，可采取面带面（多对多）、点对点（一对一）、点带面（一对多）、面助点（多对一）的对接指导形式。

（三）"人才库"层次发展工作法的重要价值

该工作法有助于探索学生党建、团建、思想政治教育和人才培养工作融合发展的模式和平台。该工作法的核心理念是"党建带团建，团建促学风"，注重发挥学生党员的"高势位"（即以自身过硬素质和良好形象敢于"亮剑"、勇于"扛旗"）示范引导力、党团学生骨干的中坚支撑促动力，激发全体学生成才发展中共享"人生出彩"①
机遇的主体互动参与力，实现党建、思想政治教育和人才培养的有机
统一。该工作法能够有效积聚并传递正能量，提升大学生的思想政治
素质，掀起一波又一波的素质发展和学风建设高潮，形成"志愿奉
献、帮带互助"的良好氛围。

同时，该工作法有助于建立促进当代大学生主体自觉意识激发和
主体自觉能力培育的现实工作机制，深化对大学生成长成才规律和特
点的研究。该工作法最大的一个特点就是给予广大青年学生应有的主
体地位，营造出"有梦想、有机会、有奋斗"②的成长成才氛围，激
发和满足青年学生素质全面发展的内在诉求，给予大学班级里每一个
学生"梦想成真"机会，帮助他们实现互动发展、层次发展、特色发
展。该工作法能够促进青年学生身心和人格的健全发展、道德和文明
的传承弘扬、兴趣和能力的培育拓展，满足青年学生创造能力培养、
人文素质提升和健全人格养成的全面发展诉求。

二、"人才库"层次发展工作法的实施路径

以学生党建为引领的"人才库"层次发展工作法的贯彻实施是一
项系统工程，需要围绕"立德树人"这一教育的根本任务，以新颖的
思路、有效的方法、科学的手段，发挥好党建优势资源，激发出党团
骨干活力，引领和带动青年大学生早日成为德智体美劳全面发展的社
会主义建设者和接班人，让每一个青年学生都成为有用之才③。

（一）制定发展目标，以旗帜思想引领人

高校基层学生党组织开展工作要立足先锋人才培养和班级学风建
设，制定"人才库"层次发展目标，以旗帜思想统领团队建设和个人

---

① 习近平. 在全国教育大会上发表重要讲话［EB/OL］，http：//www. gov. cn/xin-rei/2018 - 09/10/content_ 5320835. htm.

② 习近平. 在十二届全国人大一次会议闭幕会上发表重要讲话［EB/OL］.

③ 李宏刚，李洪波，李战军. 以学生党建为引领的"人才库"层次发展工作法论析
［J］. 学校党建与思想教育，2014（21）：33 - 34.

层次发展。

1. 提升思想境界，明确人才标准

实施"人才库"层次发展工作法，首先要通过在各班级（专业）组织新时期人才标准问题思想大讨论、主题班会、分组研讨、汇报交流等活动形式，形成"思想高尚、能力全面、特色明显"的成才观念，凝聚服务于社会主义现代化建设事业的成才共识，并明确新时期先锋人才的培养内涵和要求，统一思想，强化责任、使命和服务意识，为制定和组织实施"人才库"层次发展团队和个人实践奠定思想基础。在关于新时期人才标准的讨论过程中，要特别重视和加强青年学生对理想信念的情感认同，使青年学生坚定对中国共产党领导、马克思主义指导，中国特色社会主义和共产主义的信仰、信念和信心，使每一个青年学生都能成为有理想、有道德、有一定发展特色的人，使每一个青年学生都能以积极的心态、务实的行为、一技之长为祖国的现代化建设贡献自己的一分力量。

2. 树立党员旗帜，明确建库目标

各班级（专业）组织召开新成立"人才库"全体成员大会、年度"人才库"层次发展项目实践总结表彰大会，明确"人才库"遴选标准和目标要求，全面分析层次发展团队实践取得的成果和存在的问题，进一步找准发展定位，激励先进，勉励学困，确立党团骨干"率先成人成才，率先奉献集体，引领全面发展"的奋斗目标。要坚持旗帜就是方向，旗帜就是形象，让共产党员既专又红的旗帜在学生"人才库"层次发展的实践中高高升起、迎风飘展。要让班级（专业）每个学生都清晰透彻地认识理解"人才库"层次发展的基本内涵和最终目标，让每个学生都坚信通过自己的务实努力都能拥有人生出彩的机会，都能实现成长与进步的内心夙愿。

3. 坚持学业引领，明确个人计划

以"人才库"层次发展团队整体目标，引导以党员为核心的先锋骨干结合学业背景调查、能力特长认知、承诺事项等前期工作，制订"人才库"层次发展团队实践过程中的个人目标和规划，做到个人发展与团队目标同步共向，成员之间优势互补、错位发展。

要让班级（专业）学生深刻认识大学学业成绩与个人综合全面发展之间的关系。学业成绩是衡量大学生学习能力的一个重要指标，也是实现大学生素质全面发展的一个重要基础。要充分发挥"人才库"党团骨干在学习辅导、学业共享中的引领带动作用，营造重视基础课程学习、夯实专业知识素养的良好氛围。同时，在党团骨干"学业引领"过程中，参与"人才库"层次发展的所有班级（专业）成员都要明确制订自己的层次发展计划，把夯实自我思想道德素养和培育全面的素质能力结构有机统合起来，实现自我科学发展和团队带动引领双赢共赢。

（二）搭建发展平台，以层次实践培育人

高校基层学生党组织开展党的活动要坚持与思想政治教育、人才培养有机结合，搭建党员核心带动、团队中坚引领、集体共享交流的阶梯式平台。

1. 党员层次发展核心带动平台

以学生党员为核心带动，对应班级"人才库"层次发展四个实践团队，设置四个对应的党员层次发展引领示范岗，践行"一个党员就是一面旗帜"的庄严承诺，发挥党员先锋模范作用，实现班级层次发展对接指导全覆盖，全面落实学生党建要求。在学生党员队伍核心带动建设方面，要以增强党性、提高形象素质为重点，进一步推动高校学生党员"率先成人成才，率先奉献集体"，进一步加强和改进高校学生党员思想教育工作，健全学生党员示范引领长效机制，充分发挥他们的先锋模范作用。要紧紧围绕保持党员的先进性和纯洁性，深入开展"人才库"层次发展示范引领实践活动，进一步落实高校学生党建工作责任制，建立和完善高校学生党员培养培训的长效机制。学生党员要深刻领会"解放思想、实事求是、与时俱进、求真务实"的精神实质，思想上要开拓创新，学习上要做好示范，工作上要引领带头，争取早日成为德智体美劳全面发展的标兵。

2. 班级层次发展中坚引领平台

以党员为核心的班级"人才库"先锋骨干（包括发展对象、重点积极分子、团学骨干）率先引领组建班级学业辅导、思想人际、素质拓展、自律文明等四个层次发展实践团队（团队内可分设若干层次发展小组），集聚优质资源，成员之间优势互补、错位发展，实现合力育人。随着社会发展日新月异，大学生思想观念的独立性、选择性、多变性、差异性日益突出，大学生全面发展的诉求与日俱增。因而，班级（专业）"人才库"四个层次发展实践团队（含所属的层次发展小组）的目标设置要科学、合理、有效，要符合改革创新时代要求和不同层次学生的发展需求。在具体实践中，目标层次可以由低到高、由浅入深，但要将渐进和突破相结合，达到整体一贯，最大限度实现个体发展和团队建设的协作共赢。总之，党团骨干是班级（专业）"人才库"层次发展的中坚力量，要充分利用好这个平台，营造"人人创新争先、关注全面发展"的良好氛围，成为"人才库"互助共赢层次发展的引领者、践行者和宣传者。

3. 专业（年级）层次发展集体共享平台

建立"人才库"层次发展团队实践定期交流协作机制，推动层次发展成果集体共享，主动遴选全国数学建模、挑战杯、星光杯、节能减排等国家级大赛的参赛团队，力促先锋标兵优先率先"成才"，带动专业（年级）全体学生实现素质全面发展，从整体上形成核心、中坚、集体"点—线—面"式示范引领效应，营造全体学生参与"成才"的良好氛围，使全体学生都融入"人才库"层次发展工程。在专业（年级）层次发展集体共享平台中，高校思想政治工作者要通过学生党支部"人才库"层次发展点评总结会、专业（年级）"人才库"层次发展交流大会，着力回答深层次思想认识问题和社会热点难点问题，澄清学生思想上的模糊认识，明确对社会重大问题的是非判断，切实增强广大学生对建设中国特色社会主义的道路自信、理论自信、制度自信、文化自信，使"人才库"层次发展平台始终成为宣传科学理论、传播先进文化、塑造美好心灵的坚强阵地。同时，要不拘形式，创新层次发展内容和方式，探索简便有效、富有层次特色、符合学生实际的层次发展方式方法，全面提升学生在校期间思想道德素养，积极培养一两项特长爱好，实现富有层次特色的全面发展。

（三）构筑考评体系，以制度保障激励人

高校基层学生党组织把构建科学考评体系、实现制度创新发展作为重要职责，通过考评原则"三统一"、考评体系"三结合"、考评应用"三体现"，真正实现以制度保障激励人。

1. 考评原则"三统一"

"人才库"层次发展实践考评要坚持集体贡献和个体发展、目标考核与过程考核、定性考核与定量考核的原则"三统一"，既注重个体德、智、体、美、劳等综合能力、素质的发展，又注重个体在集体、团队中发挥作用的日常表现、群众评价，实现"两个肩膀"（一个肩膀发展自我、一个肩膀贡献集体）考核。该工作法强调，对学生的评价要坚持多维度、多角度、多层次的综合标准，既要关心学生在校的学习成绩，更要关心学生的思想道德素养发展状况，还要关心学生的团队意识和协作能力，既要考察学生层次发展的目标成果，又要考察他们在层次发展过程中的态度和行为表现，既要考察层次发展关键阶段表现，又要考察层次发展日常动态量化表现。

2. 考评体系"三结合"

考评坚持党员（含预备党员）、积极分子（含发展对象）、"人才库"层次发展项目实践其他成员考评"三位一体"，分别制定《党员（含预备党员）考评体系》《积极分子（含发展对象）考评体系》《"人才库"层次发展项目实践其他成员考评体系》，依据考评定位科学考评，选树年度优秀典型。考评要坚持党员、积极分子、普通同学在层次发展中的目标责任，务求取得实效。要通过"三位一体"考评体系细化层次发展目标责任，明确层次发展阶段目标完成情况和工作任务整体落实情况，确保评价的可衡量、可检查，努力让所有同学感受到层次发展考评的激励效果和预警机制。要建立"人才库"层次发展实践团队动态调整机制，形成"人才库"遴选"有出有进"的动态科学机制。

3. 考评应用"三体现"

考评坚持正面激励为主，负面警示为辅。通过"三位一体"考评，推出一批先进典型，形成一批层次发展实践成果，典型事迹和成果分别在个人年度鉴定档案、就业推荐表、考研政审函评语中予以充分体现，以评促改，以评促建，及时发现和推广典型与先进经验①，以理服人，以情动人，把考评工作做深做细，并附以物质和精神奖励，彰显优秀，示范激励。"人才库"层次发展实践后进人员、各层级考评不合格人员要以适当方式警示或通报，促成转变。利用"三位一体"考评，充分发挥党团骨干的引领、带动和辐射作用，也要充分发挥全体同学在层次发展各个环节中的监督和评价功能，充分听取学生建议，努力求取层次发展的最大"公约数"，在层次发展考评中建立全体学生积极监督和互动参与的有效机制。

三、"人才库"层次发展工作法的成效体现

高校育人，党建为魂。"人才库"层次发展工作法，以学生党建为主线，以党团骨干"率先成人成才、率先奉献集体"为基本要求，以培育社会主义事业的合格建设者和可靠接班人为根本任务，融党建、团建、人才培养工作于一体，强化了高校基层学生党建工作的质量，提高了高校思想政治工作的科学化水平，形成了规范化的制度管理体系，促进了大学生的素质全面发展和个性发展。

（一）创建了以党员为核心的先锋骨干发挥模范带头作用的实质性新平台

该平台完善了党的后备干部培育机制，强化了学生党支部书记的责任和要求。通过"人才库"层次发展项目实践平台，夯实了学生党

---

① 冯刚. 全面提高高校党建和思政工作科学化水平 [N]. 中国教育报，2012 – 12 – 25.

建工作的内在基础，增强了党支部的战斗堡垒功能，发挥了党员的核心带动作用和"人才库"项目管理实践团队的战斗力、凝聚力，优化了优秀骨干入党后的后续培养及管理机制，形成了组织上入党与思想上入党协同一致的长效保障机制，为青年优秀人才培养奠定了良好基础。此外，该平台为高校学生党支部书记的能力发挥提供了一个重要依托，能够真正把支部书记把舵和领航的功能落到实处，激发了高校思想政治工作者"整体育人、协同育人"的自觉意识，有助于实现科学育人的工作要求，完成立德树人的使命任务。

（二）实践了"党建带团建、团建促学风"的学生教育管理基本理念

"人才库"层次发展四个项目实践团队都由党员、积极分子、班团主要学生干部担任骨干引领人，在项目团队负责人的引领带动下，各班级形成了"争先创优，迎头赶超"的良好氛围，真正践行了"党建带团建，团建促学风"的基本理念，增强了以党员为核心的先锋骨干的集体意识、责任意识和服务意识，推动了高校学风的持续改善，促进了高校学生党建与思想政治教育的有机融合。该工作法注重氛围营造，强化了党团学生骨干在学生"自我发展，自我教育，自我服务"中的自觉引领意识，传递并增强了全体学生自主发展的正能量，创新了高校学生教育管理的模式和理念。

（三）创新了学生党建和思政教育工作的思路和制度体系

"人才库"层次发展项目实践工作法的实践形成了更清晰的党建与思想政治教育工作思路，即"三抓两管理"——抓制度、抓干部、抓落实，促进了目标管理和过程管理有机融合，形成了"两个率先、两个发展"理念和基本制度、"人才库"层次发展团队实践育人制度、考核评价保障制度，紧紧抓住了以党员为核心的先锋骨干，集聚了优势骨干资源，培育了后备骨干新生力量，实现了党员、先锋骨干"人才库"层次发展实践目标承诺与精细化实践指标过程监控的有效对接，突出了"人才库"层次发展工作法的科学性、实效性和可操作性。

（四）进一步提升了以学生党建为引领的大学生层次发展水平

"人才库"层次发展项目实践工作法的实践以学生党支部为依托，充分发挥了学生党员的核心带动力、团学骨干（含入党积极分子）的中坚主导力、普通学生的主体参与力，全面提升了党团学生骨干培养质量，强化了他们在青年学生层次发展中的"高势位"引导功能，既提升了青年学生的思想道德和基本能力素质，又体现了人才培育的层次化、特色化、个性化、差异化发展趋势。明确要求党团骨干在层次发展中要敢作为、勇担当，要"率先成人成才、率先奉献集体"，并在层次发展引领中带领团队成员"协同发展、共享发展"，最终实现"先进带落后、一同促进步"的目标。同时，"人才库"层次发展工作法要求党建和思想政治工作必须坚持按规律办事，尊重人才成长发展规律和思想政治教育工作规律，把促进学生全面发展、健康成长作为层次发展的出发点和落脚点。

第四章

职业化:
新时代高校辅导员的发展之向

本章紧紧围绕"辅导员队伍的职业化"这一核心命题,以国内高校辅导员队伍职业化发展研究的理论为基础,以国内外高校辅导员队伍职业化建设的实践为参照,以 S 大学等高校辅导员队伍职业化发展的创新实践为依托,以提高辅导员队伍的职业化水平为目标,不断创新理论思考,努力探索实践机制。

第一节　新时代高校辅导员职业化发展的
背景、内涵与意义

高校辅导员的职业化发展是高校思政工作的必然要求，也是辅导员职业发展道路的必然趋势，更是辅导员专业化发展的客观需求。辅导员的职业化发展要求辅导员对自身的职业生涯进行科学合理设计，激发职业发展的活力和内生动力，创新发展方式，增强可持续发展的能力。

一、高校辅导员职业化发展的背景

从国家宏观角度而言，近年来国家出台了一系列关于高校辅导员队伍职业化发展的政策文件，不仅充分体现了国家对高校辅导员队伍建设的关注和重视，而且为高校辅导员队伍职业化建设指明了方向。

2004年，《中共中央国务院关于进一步加强和改进大学生思想政治教育的意见》指出："要采取有力措施，着力建设一支高水平的辅导员队伍。"[1] 辅导员是开展大学生思想政治教育的骨干力量，是大学生日常思想政治教育和管理工作的组织者、实施者和指导者[2]。高水平的辅导员队伍必然是职业化程度较高的辅导员队伍。

2005年，《教育部关于加强高等学校辅导员班主任队伍建设的意见》也指出："鼓励和支持一批骨干攻读相关学位和业务进修，长期

---

[1]　中共中央国务院. 关于进一步加强和改进大学生思想政治教育的意见［Z］. 中发〔2004〕16号.

[2]　冯刚. 高校辅导员队伍专业化、职业化建设的发展路径——《普通高等学校辅导员队伍建设规定》颁布十年的回顾与展望［J］. 思想理论教育，2016（11）：4-9.

从事辅导员工作，向职业化、专家化方向发展。"①《2006—2010 年普通高等学校辅导员培训计划》提出："鼓励和支持一批骨干辅导员攻读相关学位和业务进修，长期从事辅导员工作，向专业化、职业化方向发展。"② 高校学生辅导员的工作性质和任务，决定了这应是一支政治素质高、理论功底强、业务能力精、专业化程度高，能保证高校的社会主义办学方向的职业化队伍③。可见，辅导员的职业化、专业化很早就成为辅导员队伍建设急需探究的重要问题。

2014 年，教育部印发的《高等学校辅导员职业能力标准（暂行）》对高校辅导员职业概况、基本要求和各职业等级能力标准予以规范和细化。制定和实施该标准，主要是"为了进一步增强辅导员职业的社会认同，建立辅导员职业相对独立的知识和理论体系，确立辅导员职业概念，提升辅导员职业地位和职业公信力，逐步增强广大师生和全社会对辅导员工作的职业认同。进一步强化辅导员队伍建设的政策导向，为各级部门推进辅导员队伍建设提供基本依据，推动各级部门进一步制定完善的辅导员队伍准入、考核、培养、发展、退出机制；进一步充实丰富辅导员工作的专业内涵，引导辅导员系统学习职业相关理论知识、法律法规、政策制度等，为辅导员主动提升专业素养和职业能力指出路径和方向；进一步规范辅导员的工作范畴，逐步明晰辅导员的岗位职责和工作边界，增强辅导员的职业自信心和职业归属感"④。该标准详细规定了辅导员在高校中扮演的角色：学生思想政治辅导员；学生日常事务管理辅导员；心理健康教育与咨询辅导员；职业规划与就业指导辅导员。

2017 年，《普通高等学校辅导员队伍建设规定》（教育部令第 43

---

① 教育部. 关于加强高等学校辅导员班主任队伍建设的意见［Z］. 教社政〔2005〕2 号.

② 教育部. 2006—2010 年普通高等学校辅导员培训计划［Z］. 教思政厅〔2006〕2 号.

③ 李正赤. 论高校辅导员的专业化和职业化［J］. 西南民族大学学报，2004（5）：373 - 374.

④ 教育部. 高等学校辅导员职业能力标准（暂行）［Z］. 教思政〔2014〕2 号.

号）指出，高等学校应当制定专门办法和激励保障机制，落实专职辅导员职务职级"双线"晋升要求，推动辅导员队伍专业化职业化建设。在科学发展日新月异、社会发展加速的背景下，高校辅导员队伍的专业化和职业化既是高等教育改革和发展的需要，也是促进大学生全面发展、培养高素质人才的必然选择①。

2016 年，习近平总书记在全国高校思想政治工作会议上指出，高校思想政治工作关系高校培养什么样的人、如何培养人以及为谁培养人这个根本问题。要坚持把立德树人作为中心环节，把思想政治工作贯穿教育教学全过程，实现全程育人、全方位育人，努力开创我国高等教育事业发展新局面。2019 年，习近平总书记在主持召开学校思想政治理论课教师座谈会时强调，我们办中国特色社会主义教育，就是要理直气壮开好思政课，用新时代中国特色社会主义思想铸魂育人，办好思想政治理论课关键在教师，关键在发挥教师的积极性、主动性、创造性。这就要求高校必须牢牢抓住思想政治教育工作这条"生命线"，将思想政治教育贯穿学生日常培养和学校各项工作之中，教育引导学生成为德智体美劳全面发展的社会主义建设者和接班人。辅导员作为高校教师队伍的重要组成部分，是开展学生管理工作和大学生思想政治教育的骨干力量，在大学生政治方向引导、意识形态教育、行政服务管理和心理健康教育等方面发挥着重要作用。辅导员的职业化、专业化有利于正确定位辅导员与学生的关系，提升辅导员队伍的整体素质，增强大学生思想政治教育的实效②。一支信念坚定、乐于奉献、理论水平高、实践能力强的高素质辅导员队伍是支撑高校稳固发展的坚实基础，更是学生健康成长和发展成才的有力保障。因此，加强辅导员队伍建设、提升辅导员职业化发展水平已成为新时代高校建设发展的一项重要课题。

---

① 陈垠亭. 辅导员队伍专业化和职业化建设的若干思考［J］. 思想理论教育导刊，2007（6）：61－63.

② 朱平. 高校辅导员的职业化、专业化解读［J］. 安徽师范大学学报（人文社会科学版），2007（2）：218－223.

此外，职业活动具有社会性（职业是适应社会需要而产生的）、公认性（被社会和舆论所公认）、专门性（有专门的经验或技能要求，需要专人去做）、稳定性（其活动对象、内容、方式都是相对稳定的）、长期性（人们可以长期甚至终身从事的）等特征。然而，无论是社会还是辅导员自身都没有把它看作是可以长期甚至终身从事的工作。到目前为止，高校辅导员严格来说还称不上是一种职业。长期以来，高校辅导员工作始终处于非专业、非职业化状态，表现为没有完整的知识系统，没有认同的职业标准，没有认可的评价体系，人员过渡性强，工作经验口传身授①。普遍的事实是，专职辅导员大多是刚毕业的年轻人，在工作实践中摸爬滚打，付出了很多代价而获得了一些宝贵经验，但在带完一届学生后往往转岗，经验不能积累，专业知识不能传承，使得辅导员队伍整体上长期处于"无梯队、无层次、无结构、无积累"的"实习"状态。大多数辅导员凭热情和责任忙碌于日常管理和稳定秩序的工作，至于成为"大学生健康成长的指导者和引路人"和"思想政治教育方面的专家"就力不从心了，工作的临时性势必造成临时观念和短期行为。造成这一状况的根源无疑是：辅导员，无论这一工作多么光荣和重要，但还不是一个职业。提出辅导员的职业化，正是为了解决这个制约辅导员教育职能实现的根本问题。在新形势下，积极推进辅导员的专业化培养和职业化发展是建设一支高素质、高质量、高水平的辅导员队伍的重要措施，理应成为当前辅导员队伍建设的一项重要内容②。

二、 高校辅导员职业化发展的内涵

《高等学校辅导员职业能力标准（暂行）》中将"职业能力"的特征描述为："政治强、业务精、纪律严、作风正。具备思想政治教

---

① 王树荫. 论高校辅导员队伍的专业化与职业化［J］. 思想教育研究，2007（4）：3-7.

② 冯刚. 论辅导员的专业化培养和职业化发展［J］. 思想教育研究，2007（11）：13-15.

育工作相关学科的宽口径知识储备。具备较强的组织管理能力和语言、文字表达能力，及教育引导能力、调查研究能力等。"本质要求是辅导员工作的长期性、连续性、稳定性和广泛的社会认同性。由此，根据辅导员工作的自身特点，我们可以将辅导员工作的职业化从以下三个方面理解：第一，辅导员要具有职业化的素养。第二，辅导员要掌握职业化的技能。第三，辅导员要具有职业化的行为规范。辅导员职业化、专业化和专家化这三者之间互相促进、紧密结合，职业化是专业化、专家化的前提和基础。

辅导员的职业化就是使辅导员工作实现职业规划的可持续发展，增强工作实践中的科学规范以及提高从业人员的专业性。弄清辅导员职业化含义，首先要明确辅导员的职责分工，即做什么；再是建立专业化的从业队伍，即谁来做；最后是如何持续地发展，即怎样做好①。辅导员首先成为一种稳定的、可长期从事的职业，即辅导员工作职业化以后才谈得上专业化的问题。而专业化的过程也有助于辅导员职业的形成。特别是在高校，知识性、专业性是获得广泛认同的重要因素，专业和学科的支撑也因而是辅导员成为公认职业的一个重要条件。而辅导员工作的职业化、专业化必然要求辅导员队伍逐步向专家型发展，专家化是职业化和专业化建设的目标和最终指向。通过理想的辅导员职业培训，可以加速辅导员队伍建设的职业化进程，使得这支队伍具有明确的职业发展方向、良好的职业化素养、较高的职业化技能、统一的职业化规范。在此基础上，分别从角色定位、自身素质、队伍结构和管理等方面进行专业化建设，培养专家型的辅导员队伍。经过职业化建设、专业化培养的辅导员将成为学生思想政治教育、教育管理工作、心理咨询、就业指导等方面的专家，不仅具有扎实的思想政治教育、心理学、管理学等学科的知识和理论，而且还具备较高的文字表达能力、心理沟通能力和组织管理能力，成为高素质的思想教育管理人才，成为高校学生工作的专家、高校教师队伍中一

---

① 赵柳. 高校辅导员职业化队伍建设 [J]. 教育观察，2019, 8 (36)：27 - 29.

支不可替代的力量。可见，辅导员职业化、专业化、专家化这三者之间互相促进、紧密结合，职业化是专业化的前提和基础。

三、 高校辅导员职业化发展的意义

1. 国家、社会提升人才培养质量的客观需要

随着我国高等教育大众化程度的不断提高，高等教育的规模逐年扩大，各个高校更加重视质量和内涵建设。高校辅导员职业化发展，事关高校人才培养质量。大学生思政教育的加强和改进，大学生的全面发展、和谐健康成长，迫切需要我们建设好一支高水平的辅导员队伍[①]。我国要实现由人力资源大国向人力资源强国的跨越，人才培养质量是关键。在这一教育大背景下，为培养社会主义事业的合格建设者和可靠接班人，高校辅导员所担负的重要职责和使命也越发神圣而崇高。当前社会政治、经济、文化，高等教育的社会功能、管理体制、培养模式，大学生的价值取向、思维方式、行为方式等发生了很大变化，要求处于学生工作一线的辅导员具备更高的素质和能力，跟上新形势，适应新要求，以取得新成效。全国高校专职辅导员超过 10 万，按师生比 1∶200 核算，辅导员要负责教育引导的学生数就达 2000 万，而这是我国迈向人力资源强国和建设创新型国家的中坚力量，辅导员在其中担负着学生思想政治素质引导和综合能力培养的重要职责和重大使命，发挥着不可或缺的作用。高校辅导员是大学生成才发展的人生导师和知心朋友，其工作职责和内容具有一定的独特性和综合性，工作的性质和角色对其职业能力提出了很高的要求。实现高校辅导员的职业化发展，既是落实立德树人根本任务的客观需要，也是实现辅导员专业化、职业化发展的现实需要。

2. 高校和谐稳定发展的切实需要

辅导员职业化发展，是高校和谐稳定发展的现实需要。点燃高校

---

① 冯刚，陈立民. 着力建设一支高水平的辅导员、班主任队伍［N］. 光明日报，2005 - 09 - 14.

辅导员队伍的生命之火，让辅导员们能以星星之火燎原之势引导和照亮当代大学生思想方向和前进的道路，是实现目标的最佳方法和路径①。《关于进一步加强和改进新形势下高校宣传思想工作的意见》强调："加强和改进高校宣传思想工作是一项重大而紧迫的战略任务；大力提高高校教师队伍思想政治素质；不断壮大高校主流思想舆论；着力加强高校宣传思想阵地管理；切实加强党对高校宣传思想工作的领导。"② 加强辅导员队伍建设，发挥辅导员队伍在大学生科学理论武装、思想政治教育、心理健康教育、校园文化建设等工作中的作用，则是构建和谐稳定校园的基础之一。辅导员队伍作为大学生思想政治教育工作的主力军，承担着培养人、教育人的重要职责，是高校贯彻党的教育方针、确保社会主义办学方向的重要力量，又是高校教学科研骨干和党政管理干部的后备力量。《普通高等学校辅导员队伍建设规定》（教育部令第 43 号）指出，要深入贯彻落实全国高校思想政治工作会议精神和《中共中央　国务院关于加强和改进新形势下高校思想政治工作的意见》，切实加强高等学校辅导员队伍专业化职业化建设。辅导员是各高校维持发展和稳定的中坚力量，学生的日常生活以及教育的主要负责人都是辅导员。辅导员队伍职业化建设，有利于维护高校的内部稳定和发展③。只有不断加强辅导员队伍建设，全面提升辅导员职业化发展能力，才能为高校和谐稳定发展提供强大的支撑力量。

3. 辅导员实现自身可持续发展的内在需要

在我国现阶段，《中共中央　国务院关于进一步加强和改进大学生思想政治教育的意见》、《普通高等学校辅导员队伍建设规定》、教

---

① 蒋博，乔乔，荆宝家. 新时代背景下高校辅导员专业化　职业化建设研究 ［J］. 智库时代，2019（52）：66 - 67.

② 中共中央办公厅. 关于进一步加强和改进新形势下高校宣传思想工作的意见 ［Z］. 中办发〔2014〕59 号.

③ 李秋芬，邹桂祎. 辅导员队伍职业化建设的问题与路径探析 ［J］. 辽宁科技学院学报，2019，21（6）：101 - 103.

育部《高等学校辅导员职业能力标准（暂行）》等文件提出了高校辅导员要实现"职业化和专业化"。辅导员作为一门职业，要有一套精细科学的职业标准，其职业化水平有利于高校准确界定辅导员岗位职责，建立健全辅导员的选聘、考核、管理、激励与淘汰等系列机制，从而有助于培养一大批"政治强、业务精、纪律严、作风正"的辅导员队伍。辅导员职业化要有科学的积累和学术、学科的支撑，在职业发展过程中，辅导员要掌握某一方面的专业知识，选择一个固定的研究领域进行持续而深入的研究，从而不断提升职业能力。高校辅导员必须根据教师的专业要求逐步掌握思想政治教育和辅导员工作的基本理论①。这是对高校辅导员职责的职业性的进一步明确和细化，也是在一段时期内对高校辅导员鲜明职业特性的总结和职业能力目标的建构，更充分反映了社会和高校对高校辅导员职业能力提升的需求。

辅导员是高等学校教师队伍和管理队伍的重要组成部分，具有教师和干部的双重身份。辅导员要履行好自己的管理育人职能，就必须具备过硬的工作能力，尤其是有效开展思想政治教育活动和发挥教育者主导作用的引导能力，较强的组织管理能力和语言、文字表达能力，以及较高的科研能力，这样才能够从容面对工作中来自教育管理任务落实、学生教育引导、突发事件和学生思想引导难题等多方面的压力，并在处理各类问题时能承受身心压力，办事沉着冷静，随时保持充沛旺盛的精力。可见，要想走出"万金油""保姆型"辅导员的误区，只有本着"有为才有位"的思想，形成自己独特的职业能力，并在此基础上不断努力，实现自身的可持续发展。

---

① 李和新，范伟. 从高校辅导员队伍结构论职业化建设和专业化培养［J］. 高校辅导员，2019（6）：52 –55.

第二节　新时代高校辅导员职业化发展的
现状、 机制与策略

近年来，高校辅导员队伍的职业化发展取得了较好的成效，但也存在不少问题，既有辅导员自身的问题，也有高校及教育主管部门的问题。高校辅导员的职业化发展应建立长效的机制，进一步完善选拔聘用、培养教育、晋升发展及考核考评方面的机制，形成教育主管部门、高校及辅导员自身协同用力、管用有效的发展模式。

一、 高校辅导员职业化发展的现状

高校辅导员长期以来未能像专业教师一样成为一种能够长期从事的职业①。辅导员职业地位不独立、社会认同度不高、自身岗位认同低、培训和管理考核机制不健全是现状。

（一） 辅导员职业地位不独立，职业吸引力薄弱

有关辅导员的职责定位问题一直是我国高等教育领域亟待解决的问题，虽然相关文件对高校辅导员的职责边界做出了相应的规范与界定，但是随着社会多元化以及新时期高等教育的发展和变化，高校辅导员的工作内容及任务也发生相应的改变，使其扮演的角色日益复杂多样。高校辅导员职责边界定位不清的情况，使辅导员很难从自身职业中获得经济利益、名誉、声望等满足感，无法在较高层次上满足其实现自身职业化发展的需要，进而导致其难以实现职业化的实质性发展，这也是辅导员职业缺乏吸引力的根本原因。

---

① 陈石研. 高校辅导员职业化建设探究 ［J］. 琼州大学学报，2006 （1）：22 – 24.

（二）社会认同度不高，辅导员自身岗位认同低

高校辅导员不仅仅是学生的"生活保姆"，更重要的是"人生导师""人才引路人""心灵的窗口"，学生工作严格说就是高校德育工作①。高校辅导员是大学生思想政治教育工作的主体，承担着大学生思想政治教育组织协调和具体实施的职责，这支队伍理应受到非常好的评价和重视，得到较好的发展和提升。但是，现实工作中的情况反差较大，辅导员队伍的职业认同偏低，这还明显体现在其日常工作表现和思想状态上，队伍的工作积极性差，流动性也较大。部分辅导员将此工作看作过渡时期的工作，把其作为个人职业生涯规划中的一块跳板，工作心不在焉，应付了事，只忙于对自己今后出路的考虑和积累，以便今后跳出这支队伍，获得更大的提升。特别在新形势下，辅导员的待遇与其日益繁重的工作任务、承担的责任和实际付出相差甚远，辅导员心理失衡，进而出现队伍不稳定趋势②。当调研一些辅导员是否愿意将此工作作为终身事业时，非常多的辅导员的回答是不愿意或者不太愿意；许多辅导员都特别愿意转岗到专职教师岗位或者行政管理岗位。这体现了辅导员职业认同的矛盾境遇。尽管有越来越多的辅导员认可这一工作，但他们又很难在职业发展中将其作为一项长期坚持的事业，而这也代表了很多高校领导和社会人士对于这一工作"临时性"特点的认识。这一认识直接导致辅导员职业发展的内驱力不足，以及辅导员队伍的专业道德水平与获得的职业声望不一致等问题，导致辅导员产生极大的内心冲突和压抑，并衍生出难以改变的职业倦怠现象。

（三）培训机制不完善

从国家的指导性政策和各省市实践来看，目前，国家和各省都建立了辅导员培训和研修基地，但研修基地在承担辅导员岗前培训、日

---

① 周先进. 高校辅导员职业化建设必须强化五项机制［J］. 湖南社会科学，2006（3）：151－154.

② 王玉国. 当前高校辅导员队伍建设存在的问题及对策［J］. 齐齐哈尔大学学报（哲学社会科学版），2005（5）：61－62.

常培训和骨干培训中的作用发挥不明显。各高校从工作实际需要出发，都有辅导员的"上岗培训"制度，基础好的高校有日常业务培训等，但成熟的、系统的培训体系还没有形成，学校培训和研修基地培训交流沟通不深入、结合性不强，校内交流与外出学习考察，普遍培训和骨干培训的结合性也不太理想，优秀辅导员参加交流、考察、进修以及考取学位深造的机会很少。同时，作为高校辅导员职业化发展的一项重要指标，辅导员专业性研究组织数量偏低（除了全国、各省市辅导员研究会之外），很多高校对辅导员结合大学生思想政治工作实践和思想政治学科发展开展研究基本停留在政策层面的鼓励上。考核缺乏依据和标准，也缺乏能产生较佳激励效果的激励机制①。

（四）管理考核机制不健全

尽管各高校都非常重视对辅导员工作的考核与评价，但辅导员职责的不确定性导致了考评缺乏一定的可操作性和有效性。很多高校在辅导员职务职称评聘、收入津贴分配等方面还是沿用、比照教学系统或管理系统的评价标准，辅导员工作的特点体现不足②。具体表现为：考评指标太多太细，考核缺乏必要的张力与弹性，造成辅导员工作疲于奔命，陷入具体事务之中；辅导员职责的不确定性导致工作难以完全量化，考核缺乏必要的依据和标准，无法根据辅导员工作的实际绩效形成奖惩体系；个别院校在辅导员考评管理过程中，由于缺乏相关规章制度的支撑，对辅导员工作的评价往往不能做到定性和定量的有机统一，导致辅导员的工作付出与所获评价不一致等。

二、高校辅导员职业化发展的机制和策略

要实现辅导员队伍职业化发展，高校应做到：完善"选配聘用"

---

① 郭道阳. 高校辅导员队伍专业化职业化建设探索 [J]. 辽宁农业职业技术学院学报, 2019, 21 (6)：50 - 52.

② 张彦. 高校辅导员队伍职业化问题再探讨 [J]. 学校党建与思想教育, 2007 (6)：72 - 74.

机制，把好职业入口标准；优化"教育培养"机制，提升职业发展能力；创新"教学研究"机制，搭建职业发展平台；规范"考核评价"机制，彰显职业发展成效；健全"职级提升"机制，明确职业发展方向。

（一）完善"选配聘用"机制，把好职业入口标准

中央 16 号文件《关于进一步加强和改进大学生思想政治教育的意见》指出："要采取有力措施，着力建设一支高水平的辅导员队伍。"① 做好选配聘用工作就是有力措施之一，也是高水平辅导员队伍建设的前提。《关于加强高等学校辅导员、班主任队伍建设的意见》对认真做好辅导员、班主任队伍的选聘配备工作提出了总体要求，明确提出要"建立健全高校辅导员的选拔和聘任制度"②。《普通高等学校辅导员队伍建设规定》（教育部令 43 号）指出："高等学校要坚持把立德树人作为中心环节，把辅导员队伍建设作为教师队伍和管理队伍建设的重要内容，整体规划、统筹安排，不断提高队伍的专业水平和职业能力，保证辅导员工作有条件、干事有平台、待遇有保障、发展有空间。"③ 做好辅导员选配聘用工作是保证辅导员队伍建设起始水准和职业化发展潜力的基础。具体来说：

（1）明确定位与职责

"辅导员是开展大学生思想政治教育的骨干力量，是高等学校学生日常思想政治教育和管理工作的组织者、实施者、指导者。辅导员应当努力成为学生成长成才的人生导师和健康生活的知心朋友。"④明确辅导员的多重角色是高校选聘辅导员的思想前提。

（2）严格选聘标准

2014 年，《高等学校辅导员职业能力标准（暂行）》指出："高校

---

① 中共中央国务院. 关于进一步加强和改进大学生思想政治教育的意见［Z］. 中发〔2004〕16 号.

② 教育部. 关于加强高等学校辅导员、班主任队伍建设的意见［Z］. 教社政〔2005〕2 号.

③④ 教育部. 普通高等学校辅导员队伍建设规定［Z］. 教育部令〔2017〕43 号.

辅导员应具有思想政治教育工作相关学科的宽口径知识储备，同时具备较强的组织管理能力和语言、文字表达能力，教育引导能力、调查研究能力。"建立科学的辅导员职业标准是辅导员从一种工作变为一种"职业""专业"的基本标准，是辅导员具有不可替代性的重要依据，是使辅导员如同教师、医师、律师、工程师等专门行当的专业工作者一样确立独立职业形象、专业地位和社会地位的重要前提①。高校要按照"政治强、业务精、纪律严、作风正"的要求，严格辅导员的选聘标准和程序，选好配齐辅导员队伍，保证辅导员队伍质量。

（3）规范选聘程序

程序规范是保证公平的重要因素，也是依法治校的内在要求。辅导员工作不是谁都可以做、谁都能做好的。因此，高等学校必须要像重视业务教师的选拔那样重视辅导员的选拔，建立严格的辅导员职业准入制度②。在确保"公开、公平、公正"的原则下，可从校内、校外双管实施，校内成立选聘领导小组，其成员可由校领导、纪委、人事处、学工处、团委等部门负责人组成，校外聘请面试专家团，全程参与出卷、阅卷和面试工作。整个选聘过程严格遵循"发布公告—组织考核—公示—录用"程序，确保程序合法、规范有序。

（二）优化"教育培养"机制，提升职业发展能力

"选拔推荐一批从事政治教育思想的骨干进一步深造，攻读思想政治教育相关专业的硕士、博士学位，学成后专职从事思想政治教育工作。采取有效措施，组织参加社会实践、挂职锻炼、学习考察等活动，不断提高他们的工作能力和水平。"③"辅导员培训应当纳入高等学校师资队伍和干部队伍培训整体规划。建立国家、省级和高等学校

---

① 方宏建. 关于推进高校辅导员队伍职业化、专业化建设的几点思考 [J]. 高校辅导员, 2011 (1)：17 – 23.

② 曲建武，吴云志. 着力建设一支专业化职业化的辅导员队伍 [J]. 高校理论战线, 2006 (9)：39 – 42.

③ 中共中央国务院. 关于进一步加强和改进大学生思想政治教育的意见 [Z]. 中发 [2004] 16 号.

三级辅导员培训体系。教育部设立高等学校辅导员培训和研修基地，开展国家级培训。省级教育部门应当根据区域内现有高等学校辅导员规模数量设立辅导员培训专项经费，建立辅导员培训和研修基地，承担所在区域内高等学校辅导员的岗前培训、日常培训和骨干培训。高等学校负责对本校辅导员的系统培训，确保每名辅导员每年参加不少于 16 个学时的校级培训，每 5 年参加 1 次国家级或省级培训。"① 《教育部关于加强高等学校辅导员、班主任队伍建设的意见》特别提出，要在辅导员、班主任的培训工作上加大力度，教育行政管理部门和高校要制定辅导员、班主任培训规划，建立分层次、多形式的培训体系。② 《普通高等学校大学生思想政治教育工作测评体系》中提到："辅导员的培养纳入学校师资培训规划和人才培养计划，开展队伍轮训，享受专任教师培养同等待遇。"③ 辅导员队伍职业化发展不是一蹴而就的，要经历一个持续的不断提升的过程。理想的培养培训应该结合辅导员的职业发展，为他们量身定做职业培训内容，为他们指明职业发展方向，提高他们的职业素质，帮助他们成长成才，使他们掌握基本职业能力（学业指导、就业指导、心理辅导、学生党建、学生事务管理等方面的基本素养、技能）并不断发展核心能力。

（三）创新"教学研究"机制，搭建职业发展平台

《普通高等学校辅导员队伍建设规定》（教育部第 24 号令）明确指出："高等学校要坚持把立德树人作为中心环节，把辅导员队伍建设作为教师队伍和管理队伍建设的重要内容。"④ 这既体现了辅导员的双重身份，又揭示了辅导员"教书育人"的职责内涵。《关于进一步加强高等学校思想政治理论课教师队伍建设的意见》对思想政治理

① 教育部. 普通高等学校辅导员队伍建设规定［Z］. 教育部令〔2017〕43 号.

② 教育部. 关于加强高等学校辅导员、班主任队伍建设的意见［Z］. 教社政〔2005〕2 号.

③ 中共中央宣传部，教育部. 全国大学生思想政治教育工作测评体系（试行）［Z］. 教思政〔2012〕2 号.

④ 教育部. 普通高等学校辅导员队伍建设规定［Z］. 教育部令〔2017〕43 号.

论课教师任职资格提出了"工作期间应兼职从事班主任或辅导员工作"① 的条件。《普通高等学校辅导员培训规划（2013—2017年）》指出："推动辅导员开展工作和学术研究，鼓励辅导员积极参与'思想政治教育研究文库'建设"②，为辅导员开展教学研究提供了政策支撑平台。让更多教育管理领域的工作者认识到辅导员队伍建设的趋势和重要性十分必要③。

随着辅导员角色的不断变化，辅导员与教学的关系日趋紧密，在教学中扮演着越来越重要的角色，发挥了越来越重要的作用。高校要用一种全新的观点来看待辅导员的教学职能，创新辅导员教书育人的机制和渠道。如高校可通过成立大学生素质教育中心及其办公室、下辖的教学研究室等，紧紧围绕"大学生素质教育"这一主线，对辅导员教学发展进行顶层设计，让辅导员担任素质类课程主讲教师，提高大学素质类课程教学实效，提升高校人才培养质量。对素质类课程的安排要灵活且符合实际，可根据学生的成长规律分阶段科学设置课程和进度，每门课在四个年级各开设少量学时，不同年级各有侧重，而不是"一门课"讲完就结束，确保教学质量和效果。由辅导员进行素质类课程教学，这些课程就不单是"知识传授"，更是理论和实践的结合，实现了"知行合一"，有助于推进学生深入开展学业规划，引导其成长发展。此外，"教学研究"机制也让辅导员能真正享受"教师和干部的双重身份"待遇，强化对工作的思考和研究，在科研中沉淀知识，提升做思想政治工作的水平，走实践与科研相结合、学习与工作相结合的道路，使辅导员工作走上学科化、学术化的发展方向④，并有助于解决辅导员岗位聘任和职称晋升面临的教学与科研问题。

---

① 中共中央宣传部，教育部. 关于进一步加强高等学校思想政治理论课教师队伍建设的意见［Z］. 教社科〔2008〕5号.

② 教育部. 普通高等学校辅导员培训规划（2013—2017）［Z］. 教党〔2013〕9号.

③ 潘晴雯. 职业化：高校辅导员队伍建设的趋势［J］. 江苏大学学报（高教研究版），2006（2）：50-54.

④ 冯森. 高校辅导员队伍职业化、专业化、专家化建设思考［J］. 教育与职业，2007（9）：158-159.

（四）规范"考核评价"机制，彰显职业发展成效

关于完善高校辅导员工作考核程序、规范考评机制和注重考评结果运用，教育部出台的各类文件有明确的说明。《普通高等学校辅导员队伍建设规定》（教育部第 43 号令）第十七条规定："高等学校辅导员实行学校和院（系）双重管理。学生工作部门牵头负责辅导员的培养、培训和考核等工作。对辅导员的考核评价应由学生工作部门牵头，组织人事部门、院（系）党委（党总支）和学生共同参与。考核结果与辅导员的职务聘任、奖惩、晋级等挂钩。"① 《教育部关于加强高等学校辅导员、班主任队伍建设的意见》指出："要完善辅导员、班主任评优奖励制度。各地教育部门和高等学校要将优秀辅导员、班主任表彰奖励纳入各级教师、教育工作者表彰奖励体系中，按一定比例评选，统一表彰。要树立一批辅导员、班主任先进典型，宣传他们的先进事迹，充分肯定辅导员、班主任在大学生思想政治教育中的贡献。"② 加强辅导员激励机制的研究与实践是当前辅导员队伍职业化建设的重要课题之一③。

教育部的相关文件为高校辅导员考核与评价工作指明了方向，高校要结合自身的人才需求与辅导员队伍实情，不断完善辅导员考核办法和评价体系，促进定量考核与定性考核的有机结合，提高辅导员工作成果考核的可操作性和准确性。完善规章制度，形成制度支持系统④。如高校可成立辅导员工作考核领导小组，成员由学校分管领导、学工部、研工部、组织部、人事处、团委等部门负责人组成。考核应以学生评价为主，部门、二级学院评价为辅，设置相应的权重，完善考核

---

① 教育部. 普通高等学校辅导员队伍建设规定 [Z]. 教育部令〔2017〕43 号.

② 教育部. 关于加强高等学校辅导员、班主任队伍建设的意见 [Z]. 教社政〔2005〕2 号.

③ 顾晓虎. 高校辅导员职业化发展激励机制探析 [J]. 江苏高教, 2008 (5): 130－132.

④ 张静. 高校辅导员队伍职业化建设的理论与对策探析 [J]. 思想理论教育导刊, 2007 (6): 72－75.

机制，优化考核程序，实行全方位考核，所有辅导员都要被考核，所有学生都参与考核。高校人事处应为专职辅导员单独划出年度人事考核指标，学工部负责考核办法的制定及具体实施，考核结果由学工部报人事处存档，并作为聘任、评选优秀辅导员的参考依据。只有体制的转变，才能有效地推动辅导员工作职业化、终身化的进程①。

（五）健全"职级提升"机制，明确职业发展方向

目前，我国高校辅导员职业发展存在两种基本路径，即系统内部的职业化发展路径（也称为纵向发展路径）和系统外部的多元化发展路径（也可称为横向发展路径）。

1. 系统内部职业化发展路径

辅导员职业系统内部的职业化路径，就是在辅导员职业系统内设立不同的层级，为辅导员提供发展平台。《普通高等学校辅导员队伍建设规定》第十三条指出："根据辅导员的任职年限及实际工作表现，确定相应级别的管理岗位等级。"② 高校应根据辅导员的工作年限、工作实绩、岗位职责、考核结果、获奖情况等条件，设置不同等级的辅导员岗位，如设置副科级、正科级、副处级、正处级辅导员岗位，落实相应待遇，为辅导员提供发展空间。同时，对连续从事辅导员工作满一定年限的辅导员，可通过设立非领导职务岗位，解决他们的职级和待遇问题。此外，高校应专设"学生思想政治教育"专业技术职务序列，并成立专门的专业技术职务评审委员会，单划指标、单定标准，对辅导员的思想政治教育专业技术职务进行评定。从长远来看，还应该设立大学之间的辅导员工作协作组或者联合会。在条件成熟时，也可以成立地方性乃至全国性的辅导员工作研究会，对辅导员工作开展课题研究或项目开发③。

---

① 李宁. 论我国高校辅导员工作的职业化、终身化 [J]. 湘潭师范学院学报（社会科学版），2005（4）：153-155.
② 教育部. 普通高等学校辅导员队伍建设规定 [Z]. 教育部令〔2017〕43 号.
③ 李世平. 辅导员队伍职业化建设探析 [J]. 中国高教研究，2007（8）：74-75.

2. 系统外部多元化发展路径

《普通高等学校辅导员队伍建设规定》（教育部第 43 号令）第十五条指出："省级教育部门、高等学校要积极选拔优秀辅导员参加国内国际交流学习和研修深造，创造条件支持辅导员到地方党政机关、企业、基层等挂职锻炼。"[①] 首先，辅导员具备从事教学、科研或其他工作岗位条件的，经考核达到任职条件应同意其转岗。其次，高校应对辅导员进行职位分类（可分为学生社区管理、心理健康教育、职业发展辅导、思想政治教育、学生事务管理等类型），这些专业化的辅导员应择优推荐到地方部门交流任职。

总之，高校辅导员的职业化发展，既要有世界眼光，又要有中国情怀，更要把握时代特征，逐步增强广大师生和全社会对辅导员工作的职业认同，把辅导员发展的入口、培养、考核及出口机制统一起来，全面推进辅导员的职业化发展。

第三节　新时代高校辅导员职业化发展的创新实践

S 大学历来重视辅导员队伍建设，围绕立德树人根本任务，着力培养一支政治强、业务精、纪律严、作风正、勇担当的辅导员队伍。学校辅导员队伍建设的相关经验做法多次得到新华网、人民网、中国教育报等新闻媒体的报道。2019 年 1 月，学校成功获批教育部第二批"三全育人"综合改革试点高校，也是教育部对学校思想政治教育工作和辅导员队伍建设工作的充分肯定。成绩值得肯定，但也要正视问题，要进一步深入查找辅导员队伍建设中的难点和薄弱点，针对性开展工作，不断推进辅导员队伍职业化发展。从当前的情况看，高校辅

---

① 教育部. 普通高等学校辅导员队伍建设规定［Z］. 教育部令［2017］43 号.

导员专业化、职业化建设迫在眉睫①。

一、S大学辅导员队伍职业化发展的经验

（一）辅导员队伍建设重视程度更高

S大学全面贯彻落实习近平总书记系列讲话精神和《普通高等学校辅导员队伍建设规定》等文件要求，不断强化辅导员队伍建设，坚持以辅导员队伍职业化、专业化、专家化为目标导向，不断丰富培训内容，健全完善管理体制和运行机制。学校分别于2005年、2010年、2015年先后三次召开了全校学生工作会议，2019年召开全校"三全育人"综合改革推进会，出台了《关于"大学生思想政治教育质量提升工程"的实施意见》《关于进一步加强辅导员队伍建设的意见》《S大学辅导员管理办法》《S大学辅导员考核办法》《关于加强辅导员工作规范化管理的通知》等系列文件，不断创新体制机制，进一步推进辅导员队伍科学化、规范化管理，促进辅导员队伍专业化、职业化，为辅导员干事创业营造了良好的氛围。

（二）辅导员选聘更严

学校积极落实教育部辅导员配备要求，认真核查辅导员队伍缺编数和需求量，选聘优秀人才进入辅导员队伍，辅导员队伍的结构不断优化。结合各学校的具体情况制定相应的配套措施②。一是建立严格的辅导员招聘准入制度，严把辅导员的职业入口标准。学校每年面向全国硕士毕业生公开招聘20名左右的辅导员。在具体选聘工作中，严格按照选拔要求组织笔试、面试、心理素质测试和体检，最后脱颖而出的优秀人员与学校签订实习协议，进行为期3个月的实习，考核合格后，才能正式聘任为辅导员。二是选好配优兼职辅导员队伍。学

---

① 王永智，陈中奇. 加强辅导员队伍专业化、职业化建设的调查与思考 [J]. 思想理论教育导刊，2008（7）：83 – 86.

② 赵厚均，刘艳. 高校辅导员队伍职业化建设的新思路 [J]. 思想·理论·教育，2005（21）：31 – 34.

校建立了严格的兼职辅导员选聘机制，每年从优秀的教师、管理干部中选任优秀老师补充到辅导员岗位，确保师生比达到教育部文件要求。同时，要求所有兼职辅导员聘任后必须带班，从事4个标准班（约120人）的教育管理工作。

（三）辅导员培训力度更强

近年来，学校把加强对辅导员的教育培养作为推进辅导员队伍职业化建设的重要举措，逐步建立起一套多渠道、多形式、多层次的辅导员教育培养机制，为提升辅导员工作能力提供了坚强保障。加强辅导员专业化培训，把辅导员培养成"专家""学者"①。一是构建菜单式轮训模式，实现辅导员队伍培养提升全覆盖。学校积极构建入职培训、在职提升和研修提高的一体化培训提升体系，满足辅导员多样化能力提升"菜单"要求，促进辅导员队伍专业化、职业化发展。强化新聘辅导员适岗培训，着力做好入职教育。加强在职辅导员的理论学习及业务培训，每年开展系列专题培训20余场。选拔优秀辅导员攻读博士学位、挂职锻炼，以及到国外高校学习、考察，累计超过100余人次。二是搭建教学研究平台，持续推进辅导员素质能力提升。引导辅导员开展教学科研活动，每年投入30万元作为辅导员专项课题经费，已立项资助191项专项课题。成立了大学生素质教育中心，下设5个研究室，开设6门大学生素质教育类课程，全部进入教务选课系统，均由学工线（主体为辅导员）同志任教，全校所有专职辅导员按各自专业方向、研究特长等加入研究室，开展相关教学和研究工作。学校四、五级辅导员牵头，整合全校辅导员资源，成立了9个辅导员特色工作室，充分发挥优秀辅导员的示范效应，带动队伍整体水平提升。

（四）辅导员考核更科学

S大学根据辅导员队伍建设的特点和实际，建立起以工作实绩为

---

① 叶芜为，黄伟良. 高校辅导员职业化建设的困惑及对策［J］. 赣南师范学院学报，2006（2）：108－110.

主要内容、以学生满意度为主要指标、科学性和可操作性较强的考核评价体系，实行全方位工作考核，帮助辅导员找出差距，促进其职业化发展。实施科学的绩效评估，建立对辅导员的考核机制①。一是科学设计指标体系。学校研发了辅导员网络考评系统，设立了包含思想政治教育、学生事务管理、学风班风建设、学生骨干培养、个人职业素养等5个方面共20项的考核指标，涵盖学生评议、学院评议、部门评议、学生熟悉度测试等4个方面，全面考察辅导员的综合素质和工作实效。二是健全考评机制。辅导员考核分春、秋学期两次进行，由学工处单独切块进行。要求所有学生、辅导员都要参与考核评议，力争做到"所有辅导员都要被考核，所有学生都参与考核"，结合关键事件考核，最终确定辅导员的考核等级。三是注重考评结果运用。学校人事处为专职辅导员单独划出年度考核优秀指标，考核结果与职称评聘、职级晋升和各类奖惩挂钩，切实增强辅导员队伍的责任感和内生动力。兼职辅导员须参加辅导员年度工作考核，考核结果作为续聘、评选优秀兼职辅导员、兼职岗位津贴发放的依据。同时，要求学院对考核后5%的辅导员进行重点谈话，若连续两个年度考核都是后5%，则作为负面清单提交校辅导员聘任工作领导小组。

（五）辅导员"双线"晋升机制更完善

S大学对辅导员职务职级晋升发展推进力度大、顶层设计较好，通过制度性文件明确辅导员可以"双线晋升"，学校的政策制度在基地培训中被很多高校学习借鉴。建立科学的培养和管理机制，规范辅导员队伍建设②。一是建立辅导员岗位"职级"聘任机制。学校持续完善辅导员"双重身份、双线晋升"机制，修订《S大学辅导员管理办法》，根据工作年限、育人实效、考核结果、所获荣誉等条件评聘

---

① 张革华. 高校辅导员职业化的目标诉求和路径选择 [J]. 深圳大学学报（人文社会科学版），2007（4）：144 – 147.

② 洪盛志. 高校辅导员队伍专业化、职业化建设的新思考 [J]. 中南民族大学学报（人文社会科学版），2007（4）：182 – 184.

1－5 级辅导员职级岗位，分别对应科员、副科、正科、副处、正处实职待遇，进一步拓宽辅导员提供发展空间。1 名辅导员被聘为正处级辅导员，8 名辅导员被聘为副处级辅导员。二是实施辅导员岗位"职员"聘任机制。学校出台《S 大学职员聘任管理办法（试行）》，根据工作年限、实绩、岗位职责等条件评定职员职级，1－5 级辅导员分别对应享受九级、八级、七级、六级、五级职员待遇，实现职级制和职员制双向互通，辅导员可享受职级或职员中较高一方的待遇。三是完善辅导员专业技术职务"单列"聘任机制。学校专设"学生思想政治教育"专业技术职务序列，成立专门的专业技术职务评审委员会，单设标准、单列指标、单独评审，按照助教、讲师、副教授、教授等职称评聘辅导员的专业技术职务。四是畅通辅导员岗位"出口"发展机制。自 2009 年开始，学校所有党政管理部门所需人员缺口从一线辅导员中补充，工作满 4 年且考核合格的辅导员经双向选择可调动或提拔至适合岗位，现已有 110 余名专职辅导员被选拔到各部门和学院的管理岗位。五是落实辅导员编制。2019 年开始，学校通过"资深辅导员"特需岗位招聘方式，积极解决辅导员编制问题，目前首批已转事业编 30 人，拟在 3 年内努力解决这一问题。

二、 S 大学辅导员队伍职业化发展的问题

根据习近平总书记讲话精神和教育部相关文件要求，结合新时代辅导员队伍建设的新要求和本校、外校辅导员队伍建设实际情况来分析，学校辅导员队伍职业化发展尚存在如下问题。

（一）工作负担过重

辅导员本身不仅承担着育人职责，同时还需履行管理和服务的责任。辅导员工作职责不明确会导致辅导员工作事务化、边缘化严重。辅导员成了各类事故的"消防员"、学生的"高级保姆"、部门的

"勤杂人员"①。在思想政治教育方面，辅导员需要加强习近平新时代中国特色社会主义思想教育及社会主义核心价值观教育；在学生的日常学习中，辅导员需要做好学业规划指导、职业生涯规划和就业指导；在心理健康方面，辅导员需要时刻关注学生的心理动态，及时有效帮助有心理健康问题的学生等。"上面千条线，下面一根针"可以说是辅导员工作的真实写照。较大的工作负担易使辅导员对自身的工作产生倦怠心理，产生职业倦怠。同时，部分专职辅导员在学院不仅要承担学生工作，还要承担学院的组织、纪检等工作，较多地承担了职责外事务，不利于学生工作的开展。学校辅导员数量仍有较大缺口，每位辅导员所带学生人数众多，这也是辅导员工作负担重的一大原因。

（二）思想政治教育弱化

辅导员做学生的思想政治教育工作是学校教育管理的重要内容②。一方面，在学校，学生千丝万缕的事情都牵动着辅导员，辅导员每天忙于应付大量烦琐的事务性工作，很难有充分的时间和充足的精力深入到学生中去，无法准确把握学生的思想动态和需求，从而导致了思想政治教育针对性不强，辅导员没有更多的精力进行政治理论学习，针对当前的热点、学生思想深处存在的疑惑不能给予有说服力的解答，辅导员没有充分占领网络、手机等新媒体阵地进行网络思想政治教育，大部分情况下仅仅是通过 QQ 或微信发发通知等。另一方面，由于部分辅导员缺乏相关学科背景，在开展大学生思想政治教育工作时完全依靠感觉和经验，缺乏将思想政治工作融入日常事务工作的理论素养和实践经验，工作实效性受到影响。

（三）科研理论素养不足

部分辅导员科研意识匮乏，科研定位不够准确，导致科研能力下

---

① 李向成. 辅导员队伍职业化专业化建设对策研究［J］. 思想教育研究，2007（12）：31 – 33.

② 胡刚. 略论高校辅导员队伍的职业化［J］. 国家教育行政学院学报，2008（2）：29 – 32.

降，难以精确定位研究方向，在科研工作实践过程中缺少积极性，缺乏将日常工作经验总结提炼为理论知识的意识和能力。在管理者身份中由于工作对象和范围的局限，辅导员的话语权经常被行政权或学术话语权所淹没，面临着重事务性工作与专业提升、缺乏职业认同与流动难等矛盾①。此外，辅导员在日常服务管理过程中需要引导大学生开展活动，帮助学生解决思想、生活与心理健康等方面的问题，事务性工作较为繁忙，投入科研工作中的精力有限。在理论素养提升方面，辅导员往往受累于烦琐的事务管理工作，缺少一定的积极性与主动性，无法抽出空闲时间充实理论知识，无法广泛地开展理论学习。

（四）培训机制需进一步完善

在培训机制方面有些许不完善之处。如培训形式过于单一，主要以传统的讲座形式为主，以授课的形式向辅导员"灌输"，辅导员参与度和互动交流程度较低等。除日常事务的培训之外，课题申报、论文撰写投稿方面的培训需进一步加强，新任辅导员危机事件处理和心理访谈方面的培训也需加强。

三、 S大学辅导员队伍职业化发展的推进

针对学校辅导员队伍职业化发展中存在的问题和不足，可以采取如下措施予以解决和优化。

（一）明确辅导员职责定位，强化辅导员岗位配备

辅导员岗位的综合性、独特性决定了辅导员工作职责的复杂性、全面性。因而，想要减轻辅导员的工作负担，就要明确辅导员的职责定位，完善辅导员的岗位配备。一是创新工作机制，从制度层面明确辅导员的职责定位，建立岗位职责清单制、工作公开制、反馈制等一套科学合理的制度，聚焦主责主业，减少其他方面工作的干扰，让辅

---

① 王霞娟，张官禄. 论高校辅导员的专业化建设[J]. 思想政治教育研究，2009（2）.

导员能专心投入到学生工作中。二是加大专兼职辅导员选聘力度,满足学院对辅导员的需求,从根本上改变一个辅导员带学生数过多的局面,为辅导员减轻工作负担,让辅导员能深入关怀每一位学生。减轻辅导员的负担还要从辅导员本身入手,要通过培训进一步提升辅导员的工作效率和职业认同感,引导辅导员合理安排工作,切实增强工作实效。

（二）发挥辅导员作用,增强思想政治教育实效

思想政治教育的对象是人,思想政治教育工作就是做人的工作,也就是通过思政教育工作的开展,解决人的思想认识问题,调动人的积极性,培养创新性,从而最大限度地实现其自身价值,并最终促进人的全面发展①。思想政治教育工作是辅导员工作的首要任务,加强辅导员队伍建设就要首先保证辅导员思政教育职能的有效发挥。一是引导辅导员将事务性工作和思想政治教育工作相结合,在学生日常管理中融入思想政治教育的元素,对学生思想进行全过程引导。二是建立辅导员工作台账制度,以制度的刚性要求辅导员深入学生、了解学生,掌握学生的思想动态并及时进行记录、反馈。三是推动辅导员进行思想政治教育专业理论学习和实践探索,深入把握新时代学生的新特点,不断提升辅导员运用新媒体等信息平台的思想政治教育引领能力,以学生喜闻乐见的方式开展思想政治教育,切实增强思想政治教育实效。

（三）优化科研平台,提升理论素养

为进一步提升辅导员的理论素养和思政引领能力,要不断优化科研平台,为辅导员创造良好的科研和理论学习氛围。要加强思想政治教育专业建设,夯实辅导员培养基础②。一是加大辅导员的科研奖励

---

① 王家刚. 以人为本:创新思想政治工作的根本原则[J]. 思想政治工作研究,2009 (9).

② 杜向民. 进一步推进高校辅导员队伍职业化发展路径研究 [J]. 高校理论战线, 2011 (3):48-51.

力度，引导和激发辅导员撰写学术论文的兴趣，不断加强辅导员将日常工作经验上升为理论认识的能力。二是积极鼓励辅导员攻读思政专项博士学位，认真钻研思政领域或学生工作领域的相关理论，切实提升辅导员的思政引领能力。三是持续发挥大学生素质教育中心教研室的作用，鼓励辅导员走上课堂为学生上课，在教学的生动实践中提升理论水平。四是有效发挥辅导员特色工作室、"一院一品"建设、辅导员沙龙等平台的作用，为辅导员科研活动提供有益的指导和帮助。

（四）完善培训机制，增强培训实效

培训是提升辅导员职业能力的重要途径，也是促进辅导员队伍专业化、职业化发展的重要力量。不断创造辅导员队伍可持续发展的条件和空间，鼓励和支持辅导员骨干在职或脱产继续深造和进行业务进修，使其向职业化、专家化方向发展①。为进一步提升辅导员培养培训的实效，一是要进一步丰富辅导员培训工作的开展方式和内容，充分利用辅导员工作室沙龙、辅导员素质拓展、辅导员党校培训班等活动，让辅导员切实参与到培训活动之中，能真正有所收获。二是要深入了解辅导员的需求，针对性开展校内培训或外派培训，切实增强培训实效。三是要坚持"走出去、请进来"的培训形式。组织辅导员参加集中学习培训和现场教学，安排辅导员到红色革命纪念馆、思政教育工作成果丰硕的学校等地进行交流学习，吸取经验，并且不定期邀请时代楷模、优秀的资深辅导员、思政教育方面的专家学者到校讲学，开展专题讲座，为思政工作人员提供面对面交流的机会。同时，加强辅导员民族学、宗教学、教育学、心理学、管理学、危机事件处理等相关专业知识和相关技能的培训，拓宽认知视野、充实理论储备、提升工作技能，为思政工作和学生日常管理的开展奠定基础。

（五）健全激励保障机制，增强辅导员职业认同感

不断健全完善辅导员激励保障机制，畅通辅导员职称、职务"双

---

① 杨克欣. 论高校辅导员工作职业化建设［J］. 思想教育研究，2007（10）：36 - 37.

线"晋升发展通道，是辅导员队伍建设的重要内容，对于稳定辅导员队伍，增强辅导员职业认同感，提升辅导员工作实效具有重要意义。建立相应的行政职业和专业技术职务晋升机制，激励辅导员的工作积极性，改变过去仅凭资历晋升的局面，形成一套完整的思想素质、业务能力和工作成绩相结合的职务晋升机制①。健全激励保障机制，一是要不断畅通辅导员"双线"晋升通道，提升辅导员的待遇，满足辅导员的职业发展需求和生活需求。二是要落实辅导员编制问题，为人事代理辅导员转入编制创造积极有利的条件，进一步增强辅导员队伍的稳定性和凝聚力。三是健全辅导员考评激励体系，加大对优秀辅导员的表彰奖励力度，不断激发辅导员干事创业的热情，在辅导员中营造出赶优争先的良好氛围。

目前，学校正在大力推进"三全育人"综合改革建设。作为学校育人育才的重要力量，辅导员是推进"三全育人"工作中不可或缺的部分。在下一阶段的工作中，学工系统将在校党委的统一领导下，服务学校发展大局，坚持守初心、担使命、找差距、抓落实，不断优化和创新辅导员队伍职业化建设的体制机制，提升辅导员队伍职业化发展中的育人意识和育人能力，切实促进辅导员队伍专业化、职业化发展，推动辅导员队伍职业化建设迈上新台阶，助力学校"双一流"和高水平研究型大学建设，为培养德智体美劳全面发展的社会主义建设者和接班人贡献力量。

---

① 张宇. 高校辅导员队伍职业化的认识与思考 [J]. 思想理论教育导刊, 2007 (6): 63 – 66.

第五章

科学考评：
新时代高校辅导员的发展之效

　　高校辅导员是大学生思想政治工作的骨干力量，要做好高校辅导员工作，需要具备基本的素质和能力。本章着眼于辅导员的职业素质特别是道德素质的发展现状，提出高校辅导员要扮演好双重角色，把教师和管理者的职责落实到一体化的育人体系当中。同时，也提出了高校辅导员要具备学习能力、教育引导能力、组织管理能力、语言文字能力、教学研究能力和创新能力等基本能力，夯实职业发展的基本功。

第一节　新时代高校辅导员工作考评的困境审视

随着高校的扩招及高校学生的多样性的影响，高校辅导员的工作日益复杂和困难。现有高校辅导员评价机制的施行效果显然不能令大多数辅导员满意。如何更好地激励辅导员努力工作，对他们的工作给予恰当的评价是我国高校普遍面临的难题①，高校辅导员工作的评价是一个系统的综合性问题，需要在实践中不断完善。

一、　高校辅导员工作考评的现实困惑

一般来说，高校辅导员工作是高校学生工作的首要内容，也是根本内容。但随着高校辅导员工作职能外延的扩展，两者之间从广义的层面来说工作内容趋向重合。在高校，长期以来，具有大学生思想政治教育及管理工作职能的部门有多个，如宣传部、学工部、组织部、保卫部、团委、教务处、招生就业处、国际处、后勤处、科技处、二级院系等，多个部门都在部分性地行使高校辅导员工作的监管、指挥、评价职权。这样的结果就是凡是跟学生工作相关的工作就出现了多处委托，多方监管，多头评价，最后几乎全部工作都聚集到了二级院系学工部门，所有重担压到辅导员身上，院系学生工作者认为其承担的繁重工作内容无边界、评价无标准、激励无机制，职业责任感和工作感召力急剧下降。更值得引起注意的是，评价和激励机制的缺失也导致很多辅导员想方设法转岗，甚至跳槽或辞职，直接影响到了辅导员队伍的稳定和立德树人工作的可持续性。

---

① 丰玉梅. 高校思想政治工作辅导员绩效考评体系构建研究［J］. 教育探索，2014 (11)：120－122.

二、 高校辅导员工作考评的困惑之因

高校辅导员工作评价为何如此难？其症结究竟在哪里？高校辅导员工作评价多头开展、一方承受，存在着诸多信息不对称的地方。各个职能部门按照本部门所承担的高校辅导员工作职责和功能部署工作任务，提出目标要求，二级院系的学工人员（主要是一线辅导员）时间、精力有限，无法完全透彻地领会、把握多头任务要求、多方工作安排，这不仅使一线辅导员思想上产生倦怠，在心理上产生抵触情绪，也在客观上形成了工作信息流的不对称传递效应。高校辅导员工作信息的不对称流动会带来一系列的连锁反应，引起工作发起方与承受方之间不必要的猜疑、指责甚至熵反应，抵消了工作的合力，降低了工作的效能，严重影响了大学生思想政治工作目标的有效达成。另一方面，现行的高校评价体制更侧重于评价学校的科研办学水平，而对学生思想政治教育、日常管理水平、校园文化的营造、学生的就业质量与未来发展和实践等方面，学校出于各种原因却普遍重视不够，这直接导致了学校对辅导员工作的重视和投入程度远远不够①。

当然，高校辅导员工作评价陷入困境除了有信息流的不对称传递这个原因之外，还与考核评价的指标、体系及一体化机制缺失或不完备息息相关，前者让评价失去了客观基础，后者则让评价失去了实践推进的现实性和可能性。由此，创新工作评价模式，重构工作评价理论，已经成为高校辅导员工作评价亟待解决的重要现实问题。

三、 高校辅导员工作考评的理论模型重构

新时代，学生的差异化、个性化发展诉求更加凸显，高校辅导员工作的形势更加严峻，任务更为艰巨。在这样的背景下，如何更好地评价高校辅导员工作就成了关键所在。高校辅导员工作评价要从源头上理清评价问题提出的现实叩问和理论依据，善于审视，敏于抓要，

---

① 何猛. 高职院校辅导员工作考评体系建设研究［J］. 现代化管理与创新，2020（2）：50 – 52.

理顺关系，创新评价的理论模式。为从根本上摆脱高校辅导员工作多方委托、多头评价的窘境，理顺工作发起方和承受方的责权利关系，创新工作评价机制，我们在这里引入经济学中的"委托—代理"模型理论。

首先，委托—代理模型理论的基本内涵。"委托—代理"模型理论是西方契约经济学理论的一个重要分支，是经济学研究激励问题的基本理论框架。委托—代理理论是专业化分工和逐利行为的自然产物。该理论产生于20世纪40年代，流行于20世纪70年代。其主旨含义是企业所有者通过契约的方式，将企业原始财产权中的经营权委托给经营者，进而实现资本收益的最大化。经营者从所有者中获取相应报酬。在这一关系中，企业所有者为委托人，经营者为代理人，"委托—代理"关系由此形成。需要注意的是，"委托—代理"关系中也存在客观的风险，主要表现为逆向选择（adverse selection）和道德风险（moral hazard）。所谓逆向选择是指代理人在与委托人签订契约之前，已经占有委托人不曾掌握的信息，在趋利机制作用下，这些信息有可能在代理人的决策中得到运用，进而使委托人利益受损。所谓道德风险，则是指"委托—代理"关系中的双方基于自身利益的可持续保障而无视对方利益受损的趋势。

其次，高校辅导员工作评价中的"委托—代理"关系重构。一是高校二级院系"委托—代理"关系重构。一般来说，高校都是通过职能部门把高校辅导员工作委托给二级院系，委托方为高校，代理方为二级院系。实际工作中委托方的委托权一般都授予职能部门，如党委学工部、宣传部、组织部等，代理方的代理职能一般由二级院系的学工部门来承担。这里需要说明的是高校的党委学工部的职能与各个职能部门存在着交叉，其工作职责基本上集中了高校其他职能部门所有关于学生工作的职能。因而，从这个层面上来说，高校二级院系委托—代理关系的关键和核心在于明确和强化党委学工部的归口式委托—代理，也即凡是跟学生工作或高校辅导员工作相关的事项都交由党委学工部统一部署、统一落实，而作为代理方的二级院系及其学工办需要紧密对接学工部，主动接受学工部的任务委派，进而逐步固化高校学工部与二级院系之间的委托—代理关系，凸显这一关系在多重委托—代理关系中的龙头地位，尽可能规避和减低多方委托、一方承受所带来的负荷增量和效能损耗。

高校辅导员是担负大学生思想政治教育职能、学生发展咨询职能及学生事务管理职能的最为坚实且不可或缺的基层力量，高校辅导员委托—代理关系是高校辅导员工作中最重要的、最根本的委托—代理关系。其中，委托人是高校，代理人是辅导员，高校面对数量庞大的学生群体无法直接行使一对一教育引导和服务行为，而辅导员可以专业化地针对学生的个性化、差异化诉求开展服务引导行为，委托—代理关系自然产生。然而，具体工作实践中，高校辅导员委托—代理关系中的委托方代表一般是高校的各个行政职能部门，这在事实上便形成了关于高校辅导员工作或学生工作的多委托人现状，如图 5-1 所示①。

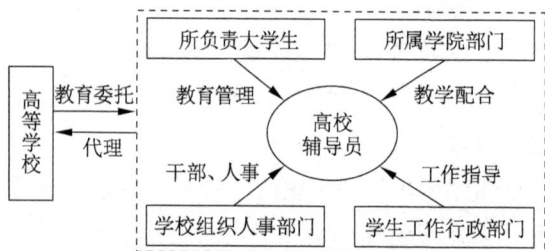

图 5-1　我国高校辅导员委托—代理关系

以上多重委托关系运行的结果就是辅导员疲于奔命、考核标准杂乱、一体化激励缺位。为使高校辅导员委托—代理关系发挥最佳效应，达成最优教育目标，根据专业化分工和实践经验，高校应该选择党委学工部作为代表其行使全部学生管理权限的委托方，并促使其他各个行政职能部门合理确定工作边界，凡是属于学生管理的职能都交

---

① 李洪波，程佳伟，杨兰. 基于委托—代理理论的高校辅导员激励管理研究与实践[J]. 学校党建与思想教育，2010（34）：94.

由学工部统一行使。学工部作为学校开展高校辅导员工作的委托方代表，对接所有专职辅导员，统一部署、开展工作，统一组织考核、评优，其他行政职能部门可以发挥监督职能，形成"一处委托，多方监管，责权明确，利益相关"的新格局，如图 5-2 所示①。

以上重构后的高校辅导员委托—代理关系模型有效规避、化解了多头管理、相互推诿、沟通不畅、监督无力的低效状态，有助于高校辅导员工作的和谐推进和目标达成。

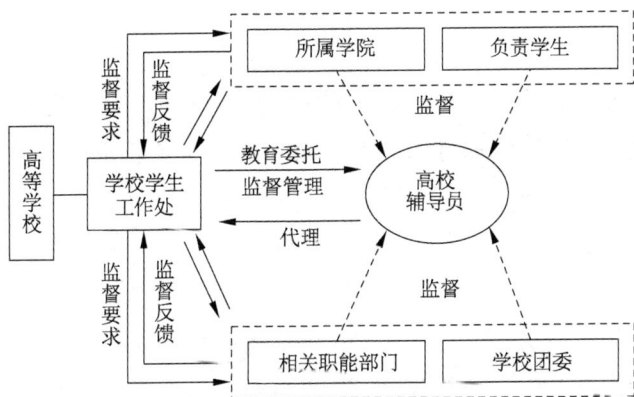

图 5-2　高校辅导员委托—代理关系的优化模型

三是高校学业导师（班主任）委托—代理关系重构。在高校中，除了专职辅导员外，还有一部分专业教师或行政管理人员承担了一些高校辅导员工作，对这部分老师的称谓不一，如学业导师、班主任或兼职辅导员等。这部分老师的工作与专职辅导员的工作紧密相连，一定程度上体现了专职辅导员工作的协作成效。高校学业导师（班主任）委托—代理关系就是高校作为教育委托方把一些高校辅导员工作委托给学业导师、班主任或兼职辅导员完成，后者承担了代理人的角色，按代理功能和要求协助学校完成教育引导任务。在具体实践中，因这部分代理人的兼职属性，委托方的代表也是多个，如学工、教

① 李洪波，程佳伟，杨兰. 基于委托—代理理论的高校辅导员激励管理研究与实践 [J]. 学校党建与思想教育，2010（34）：95.

务、组宣部门等，形成了事实上的权责不清、育人虚化现象。因而，高校需要确定一个主抓或主管职能部门作为委托方全权代表对接以上兼职老师，理顺考评机制，重构委托—代理关系，切实提高育人实效。

第二节　新时代高校辅导员工作考评的实践进路

高校辅导员的工作涉及方方面面，其考评也是综合性的，既有量化的考核，也有定性的考核，既涉及个人的考核，也涉及工作团队、工作相关者的考核。

辅导员工作考评体系的构建，要根据各级政策对辅导员队伍建设的总体要求、学校发展的策略和辅导员自身发展的需要，在联系实际工作现状的基础上，结合社会学、管理学等相关理论，如关键业绩指标法（KPI）、360绩效考核法等，进行科学化、规范化的设计①。高校辅导员工作的评价在高校集中体现在学生工作考评的实践应用中，基于委托—代理理论的模型架构，主要涉及二级院系、辅导员、学业导师（班主任）等三个层面的工作考评。

一、　高校辅导员工作考评的实践体系

（一）高校辅导员个人工作考评

基于辅导员委托—代理理论模型，高校对辅导员的考评在实践中需要从以下三个方面整体推进。一是考评的统一扎口管理。考核需要由一个部门归口统一组织，从目前的实践经验、部门分工体系及委托—代理理论模型的要求来看，最合适的归口部门是党委学工部。考

---

① 程慧. 论高校辅导员工作考核评价体系［J］. 教育教法探讨与实践，2014（8）：131－133.

核的集中统一组织要求对应的归口评价。当然，学校党委层面可以成立关于辅导员考评的领导小组，其成员可由分管学生工作的校领导及学工、组织、人事、团委等部门负责人组成，办公室可常设在党委学工部。这就需要党委学工部门、人事部门在关于辅导员考核组织及考评指标数量的划分上协同一致，人事部门要把辅导员的年终人事考核单独划块，授权给党委学工部门，并按照全校辅导员总数的一定比例（一般可设为15%）切块，把指标数统一分给党委学工部门。党委学工部门接受学校党委的统一委托，行使统一组织考评的职能和权限。在这一考评体制的形成过程中，各个职能部门分工不同，特别是人事部门、学工部门的沟通协调，以及各自分管校领导的协同推进非常重要，也需要学校一把手书记和校长的认同与支持。二是要科学构建一体化的考评指标体系并合理确定其权重，包括考评的指标体系、指标权重的合理确定及考评的具体开展方式。考评的指标体系一般来说应该包括学生评价、二级院系评价、部门评价等三个方面。辅导员绩效指标权重的确定可分为两个层面：第一层为学生、部门和院系三个不同测评群体的权重比例；第二层为三套指标体系内每一项指标的具体权重设定，每一层次权重的测定方法与院系考评指标权重的测定方法相同，要确保测评的全面性和综合性，突出测评的重点。第一层中，学生评价的权重一般应不低于50%，部门评价的权重可相对低些（如10%－20%），二级院系的评价可占一定的比例（30%－40%）。学生评价可通过网络测评的方式实现，测评指标的设定要涵盖学生的思想教育引导、日常事务管理、学风班风建设、学生骨干培育，以及辅导员的素质能力提升等多个方面。具体可设定一、二级指标，在二级指标后可设定测评关键性内容，学生测评打分可按 A（优—95）、B（良—85）、C（中—75）、D（一般—65）、E（差—55）五个等次打分。部门、院系评价的指标体系及其权重设定方法可参照学生测评，适当简化，突出要点，体现目标要求。需要注意的是，学院评分环节，要通过基于标准分的等差排序方式规避院系评分的主观偏差，如某个院系评分第一的辅导员标准分赋值可为100，排名最后的赋值可为90，中间的辅导员按等差序列赋值，院系只有 1 名辅导员时则可赋值 95，确保各个院系评分的相对公平。三是要注重考评过程的精细组织。辅导员的考评要坚持"所有辅导员都要被评议，所有学生都要参加评议"的原则，让二级院系、辅导员和学生深刻认识测评工作的重要性和必要性，充分调动全体学生测评的积极性和主动性。根据高校辅导员委托—代理理论，测评工作应由学工部统一组织实施，严格考评纪律，可成立测评工作领导小组，办公室可设在学工部负责辅导员队伍建设和管理的科室，要明确测评的日程安排和网络路径，限定测评材料的报送期限和网测的关闭节点，畅通测评过程的答疑通道和应急处置程序。测评完结后，要及时反馈测评的结果给二级院系的学工领导或辅导员，以促进绩效改进。反馈与激励是思想政治教育机制构建中的一个关键，因为只有能够及时对测评对象接受测评的信息和表现做出评价的思想政治教育工作才可能得到测评对象的认可。在反馈实施中，要组织好诚勉谈话及评优表彰工作，形成奖优罚劣良性循环机制。

（二）高校辅导员团队工作考评

高校辅导员个人所在的工作团队就是高校的二级院系。对于二级院系学生工作的考评需要注意以下三个方面。

1. 考评的基本原则

高校二级院系学生工作涉及方方面面，考评要充分考量二级院系工作的承受力、工作的潜力，以及学生工作的创新和可持续推进，因而须坚持全面与重点、目标与过程、定性与定量、继承与创新相结合的立体多维考评原则。这就要求考评的顶层设计要点面结合，标本兼顾，善于抓大放小，承前启后，既不能让二级院系因考评过细过密而怨声载道，也不能因考评粗枝大叶而流于形式。考评基本原则的确立要充分征询二级院系的意见，做到考评委托方与代理方思想认知上的相互协同，形成考评方案的共识。同时，对于关键性考评项目，要有刚性要求和底线思维，确保考评核心目标的有效达成。

2.考评的指标体系及其权重

高校二级院系学生工作考评指标的凝练和设计要抓住体现立德树人成效的"牛鼻子"，要充分体现学生发展获得感、学生利益保障（如就业）及学生创新创业能力培育的相关指标，同时要基于学工部及二级院系供给侧改革的视域设定诸如思政教育、教育管理、心理健康教育、队伍建设等方面的考评指标。考评指标可按一级、二级、三级指标体系分层分类设定，突出问题导向和服务保障。考评指标的权重可通过专家咨询法、经验判断法、德尔菲法、综合指数法、模糊综合评估法、层次分析法、密切值法及神经网络评估法等多种方法确定。

目前比较常用的是学生工作专家征询法、实践经验法及层次分析法（AHP）。借助前两种方法可大体设定一级指标的基本权重，运用层次分析法，可借助其判断矩阵、层值分析等科学测定一、二、三级指标的相对权重。层次分析法的基本思路是将所要分析的问题层次化，并根据问题的性质和所要达成的总目标，将问题分解为不同的组成因素，按照这些因素间的关联影响及其隶属关系，形成不同层次凝聚组合的多层次分析结构模型，以实现优劣比较排列。该方法是一种定性和定量相结合的、系统化、层次化的分析方法，不仅适用于存在不确定性和主观信息的情况，还允许以合乎数理逻辑的方式运用经验、洞察力和直觉，具体操作可查阅《基于演化视角的高校辅导员管理研究》[①]。

3.考评的组织实施

高校二级院系学生工作考评的组织按照委托—代理理论模型的要求，应由学工部统一部署开展。要坚持规则在先、执行有力的总体思路，即每年度初，要提前向二级院系公布当年度考评的初步方案和指标体系并征求意见，在充分吸纳各方意见的基础上正式以文件形式下达各院系，此后严格按照文件考评指标要求实施考评。对于实施过程

---

① 李洪波.基于演化视角的高校辅导员管理研究［D］.江苏大学，2010：118-128.

中出现的特殊情况，可放在下一年度考评方案和指标的修订中，尽可能保证规则在同一年度内的效度和信度。考评可分阶段或年终统一考评，要明确考评认证材料的报送期限和考评结果的反馈进程，确保考评每个环节精准推进。

（三）高校辅导员工作相关者考评

一般来说，高校辅导员工作的相关者主要是指高校学业导师、班主任、兼职辅导员等育人力量。高校的学业导师或班主任大部分都是专业教师，他们的工作与辅导员的工作紧密相连，是辅导员工作协同力和推进力的重要体现。对其考评要关注以下三点：一是考评的基本原则。要坚持定性评价与定量评价、过程评价与效果评价、学工部评价与院系评价相结合的原则，构建评价主体多元化、评价内容全面化、评价方法多样化的考核评价体系。评价要体现教书育人、管理育人、服务育人的工作导向，凸显良好的全员育人师德风尚，形成关爱学生的示范引领机制。二是考评的指标体系及其权重。考评指标体系的设定要充分考虑专任教师的工作特点，侧重学业规划指导教育、专业学习指导及创新能力培养、学风引导等方面，注重学生满意度评价、辅导员与学业导师（班主任）工作的协同，以及学困生的帮扶。学业导师（班主任）绩效指标权重的确定可分为两个层面：第一层为学生、辅导员和院系三个不同测评群体的权重比例，原则上学生评分权重应不低于50%，辅导员评分权重可设为10%－20%，院系权重可设为30%－40%；第二层为三套指标体系内每一项指标的权重设定，其方法与辅导员考评指标权重测定方法相同。需要注意的是，院系考评主要是对考评对象工作效果的量化考核，突出科研指导和学风引导。三是考评的组织实施。根据高校学业导师（班主任）委托—代理理论，考评工作可由学工部统一组织实施。学工部应及时发布年度考核方案，考核工作可按学年进行，学生评分、辅导员评分、学院层面的基础工作量化评分要有机融合，评定结果要及时反馈和运用。

二、 高校辅导员工作考评的思考与改进

S大学辅导员绩效评估基于360度评估理论，比较科学合理，能够使辅导员更加明确自身的工作职责，创新了工作方法和手段；优化了辅导员的整体素质，使辅导员成长为学生教育、管理和服务的专门人才，推进辅导员队伍的职业化和专家化进程；同时，也有助于全面考量辅导员的素质、能力和工作效果等，为其晋升、评优、奖罚提供依据。但我们认为还应在以下方面进行改进和完善。

（一）优化完善评估指标

绩效指标是组织宏观战略目标决策经过层层分解产生的可操作性的具体目标，是宏观战略决策执行效果的监测指针，它将组织战略转化为内部过程和活动，使考核体系不仅成为激励约束手段，更成为战略实施工具。探索一整套客观、公正、操作性强、符合高校自身战略发展的辅导员绩效评估指标体系是辅导员队伍建设的核心组成部分。在S大学辅导员绩效评估指标体系中，学校学生工作部门、辅导员所在学院评估指标体系只有10项，相关指标还比较宽泛，不能完全反映辅导员工作的特定性质。我们认为，辅导员绩效评估的指标应是学校整体发展战略目标中大学生思想政治教育工作目标层层分解到辅导员个体身上的具体体现。

设计辅导员绩效评估指标要根据管理学的原理和方法。如"二八定律"，基本原理是"重要的少数与琐碎的多数"，就是说在特定的群体中，重要的因子只占少数，而不重要的因子则占多数，因此，只要控制具有重要性的少数因子即可控制掌握全局。"二八定律"告诉我们通过对辅导员工作内容最重要方面的分析和衡量，就可以抓住辅导员绩效评估的核心。如关键行为法（简称KPI），把关键行为作为绩效评估指标的内容，可以比较科学、合理地考评出辅导员工作的效果和影响。如胜任力理论，认为个体只有具备某些关键的能力素质特征，才能在具体工作岗位上做出相应的绩效行为，才会取得优秀的绩效。另外，还可通过德尔菲法、经验确定法等确定指标。指标体系确

定要全面征求意见并向全体辅导员公布，这样有助于吸收各方意见，加深各方面特别是辅导员对各项指标的认识，提高各方对指标体系的认同度，充分发挥评估指标体系的导向作用。

（二）科学确定指标权重系数

辅导员绩效评估指标的权重赋值尤其重要。在当前许多高校开展的辅导员绩效评估中，考核指标的权重系数往往是根据主观的判断确定的，考核的权重关系到考核行为的导向，对某一指标的过分看重或忽视，都会直接对考核结果的客观性产生不良的影响。以 S 大学为例，学生评估指标体系中思想政治教育（15%）、学生事务管理（25%）、学业规划指导（25%）、学生骨干培养（15%）、个人职业素养（20%）权重系数以及校学生工作部门、辅导员所在学院评估指标体系中 10 项指标权重各为 10% 显然有些粗略，需进一步论证，确定其权重系数。

指标权重的系数赋予可以用层次分析法（简称 AHP）来确定。层次分析法是将复杂的决策问题按照过程把各种因素进行分解，形成层次化的分析模型，通过因素间的两两相对比较、一致性判断，确定各决策因素的重要性和权重或相对优劣的排序值，从而为多目标决策过程提供决策支持。层次分析法对各指标之间相对重要程度的分析更具逻辑性，刻画得更细，再加上数学处理，其可信度比较高。

为保证辅导员绩效评估的科学性，我们认为应通过四个步骤（即建立递阶层次结构模型、构造各层次中的所有判断矩阵、层次单排序及一致性检验、层次总排序及一致性检验），让学生工作专家、学生工作经验丰富的辅导员、学生骨干、学生家长和社会代表等对判断矩阵进行两两相比，得出较为合理一致的数据，最后通过层次分析软件，得出各层次指标的权重。

（三）完善评估主体及流程

当前辅导员绩效评估的主体主要是上级主管部门（校院党委学生工作部门），评估以主管部门制定的指标、评估程序、结果运用为主要依据。我们认为辅导员绩效评估的主体应该是多层次的，如上级主管部门、辅导员之间的同级评估、辅导员工作对象学生的评估、辅导员的自我评估、任课教师的评估和社会（学生家长、用人单位等）的评估等，而且针对不同的评估主体，需制定不同的指标体系。评估的流程也直接影响对辅导员工作成效和评估结果的准确性。在实际操作中，辅导员考核比较重视年终评估，如年终时填写各类评估表、调阅相关资料、开展相关民主测评等，往往忽视实时、动态的跟踪过程评估。从考核的安排看，平时不考，年底一次性实施，容易导致"突击"应付考核的现象发生，无法发挥评估流程的控制反馈作用。

第三节　新时代高校辅导员工作考评结果的运用

高校辅导员工作考评结果的运用是高校学生工作考评实践的持续，考评结果运用得好，有助于学生工作考评实践的改善优化和效能发挥，考评结果未能运用或运用不当，将直接影响到高校学生工作考评实践的可持续推进。辅导员工作考评体系是一项与时俱进、不断完善的工作，在实际的运行中，应针对考核中存在的问题进行持续改进，对辅导员考评体系进行不断修正①。

一、　高校辅导员个人工作考评结果的运用

高校辅导员的考评是高校学生工作考评的基础和核心，其考评结果的有效运用十分重要，直接影响到大学生思想政治工作的和谐推进和目标的有效达成。辅导员工作的重心是对学生进行政治思想教育。有些日常管理工作不宜作为主要的内容进行量化考评，也不宜采用绝

____

① 汪强，汤苗苗. 高校辅导员绩效考核的实施与思考 [J]. 江苏高教，2011（5）：59－60.

对化的评分方法①。一是考评结果要与二级院系的绩效改进无缝对接。辅导员考评的结果要通过适当方式及时反馈给二级院系分管学生工作的领导，并对考评排名靠后院系的分管领导提出明确的改进要求，监督其按期上报改进方案和阶段性改进成效，促进绩效提升。如可对排名后5%的辅导员进行诫勉谈话，明确改进目标，连续两年排后5%且改进绩效低下者，予以调离辅导员岗位。二是考评结果要与辅导员年终评优奖励挂钩。考评结果要结合关键性事件，按照总评分排名，授予排名前列的辅导员"十佳"或"优秀"辅导员荣誉称号，并给予一定额度的物质奖励。获得荣誉或奖励的优秀辅导员要优先推荐参加省级以上培训、优先给予思政项目立项，并纳入辅导员培育队伍的第一梯队。三是考评结果要与辅导员职级、职务、职称晋升挂钩。高校要通过顶层设计，在辅导员的职级、职务晋升、思政系列职称评审制度文件中明确对辅导员绩效考核结果的要求，使辅导员考评结果与辅导员的"双重身份、双线晋升"直接对接，形成辅导员成长激励机制，促进辅导员的工作绩效提升。

二、 高校辅导员工作团队考评结果的运用

高校二级院系学生工作团队的考评结果是二级院系领导和学工人员的工作顶层设计、精力投入、资源运用、创新创优等方面情况的集中展示，要结合激励和绩效评价要求，把考评结果充分、合理地运用到二级院系的可持续发展促进过程。一是考评结果应与二级院系专兼职辅导员的评优挂钩。如可以按照全校辅导员总数的一定比例对考核位居前列的部分二级院系直接给予年终人事考核优秀指标，使院系学生考核绩效与辅导员发展呈正相关。二是考评结果应与学校层面给予二级院系的各项政策性指标挂钩。如可在学生评优、项目获批、外派培训等的指标分配方面给予考评位居前列的二级院系政策性倾斜，使

---

① 陈迪明，马英. 对高校辅导员工作考核评价的反思及改进策略 [J]. 中国校外教育旬刊，2008（8）：66 - 67.

二级院系考核绩效与学院后续发展呈正相关。三是应设置专项经费。如可分层分类或总体性奖励考评优秀的二级院系，使物质激励与绩效考评呈正相关。

三、 高校辅导员工作相关者考评结果的运用

高校学业导师、班主任、兼职辅导员等全员育人力量是高校学工队伍的重要补充，对其考核结果的有效运用有利于形成良性循环机制。高校应按人均标准设立学业导师（班主任）工作的专项经费〔如100元/（人·年）〕。一是考评结果应与物质、荣誉奖励有效挂钩。如可根据考评排名或等次级别授予位居前列或上层等次的兼职老师"十佳"或"优秀"学业导师（班主任）荣誉称号，并给予超出平均工作津贴的额外奖励。二是考评结果应与兼职教师的职称评审有效挂钩。学业导师、班主任等也肩负育人育德的职责与使命，高校要通过制度性文件明确专业教师的学生工作经历及其评价，把学生工作经历及成效纳入专任教师职称评审的限定性条件，促进教书育人长效机制形成。三是考评结果应与兼职教师的科研绩效及其奖励有效挂钩。高校应在专任教师的科研奖励机制中融入学生科研指导要求，明确指导学生科研的奖励体系，彰显学业导师、班主任等专门力量的育人工作实效。

参考文献

一、著作

1. 马克思,恩格斯. 马克思恩格斯全集(第 1 卷)[M]. 北京:人民出版社,1972.

2. 马克思,恩格斯. 马克思恩格斯选集(第 2 卷)[M]. 北京:人民出版社,1995.

3. 中共中央宣传部宣传教育局,教育部社会科学研究与思想政治工作司,共青团中央学校部,编.《中共中央 国务院关于进一步加强和改进大学生思想政治教育的意见》学习辅导百问[M]. 北京:中国人民大学出版社,2005.

4. 史仁民. 高校辅导员专业发展论[M]. 北京:中央编译出版社,2018.

5. 王传中. 辅导员工作指南[M]. 武汉:武汉大学出版社,2009.

6. 张书明. 高校辅导员队伍建设[M]. 济南:泰山出版社,2010.

7. 黄林芳. 高校辅导员队伍建设机制论[M]. 上海:上海财经大学出版社,2009.

8. 曲建武,姜德学,张伯威. 高校辅导员队伍建设的理论与实践[M]. 大连:大连理工大学出版社,2008.

9. 温浩. 当代大学生思想政治教育[M]. 长春:东北师范大学出版社,2017.

10. 李洪波,董秀娜,李宏刚. 高校辅导员职业能力协同开发研究[M]. 镇江:江苏大学出版社,2016.

二、期刊文章

1. 冯刚.在时代发展进程中把握思想政治教育热点研究[J].思想教育研究,2019(6).

2. 王长恒.高校辅导员开展大学生思想政治教育的实效性探索[J].学校党建与思想教育,2019(14).

3. 李洪波,程佳伟,杨兰.基于委托—代理理论的高校辅导员激励管理研究与实践[J].学校党建与思想教育,2010(34).

4. 李培根.工程师教育培养该何以卓越[J].中国高等教育,2011(6).

5. 袁寿其.高等工程创新人才培养体系研究[J].高校教育管理,2009(5).

6. 李宏刚,李洪波,杨志春.政策视角下的高校辅导员队伍职业化发展探赜[J].学校党建与思想教育,2015(10).

7. 杨晓慧.高等教育"三全育人":理论意蕴、现实难题与实践路径[J].中国高等教育,2018(18).

三、政策文件

1. 习近平.在全国教育大会上发表重要讲话[EB/OL].http://www.gov.cn/xinwen/2018-09/10/content_5320835.htm

2. 习近平.在中国共产党第十九次全国代表大会上的报告[EB/OL].http://cpc.people.com.cn/nl/2017/1028/c64094-29613660.html

3. 陈宝生.在2019年全国教育工作会议上的讲话[EB/OL].https://www.moe.gov.cnljyb_xwfb/moe_176/201901/t20190129_368518.html

4. 习近平.在全国高校思想政治工作会议上发表重要讲话[EB/OL].http://www.mod.gov.cn/topnews/2016-12/08/content_4766058.htm

5. 普通高等学校辅导员队伍建设规定[Z].教育部令〔2017〕43号.

6. 高等学校辅导员职业能力标准(暂行)[Z].教思政〔2014〕2号.

7. 关于加强高等学校辅导员、班主任队伍建设的意见[Z].教社政〔2005〕2号.

8. 关于实施大学生教育培养计划的若干意见[Z].教高〔2011〕1号.

9. 2006—2010年普通高等学校辅导员培训计划[Z].教思政厅〔2006〕2号.

10. 关于进一步加强和改进新形势下高校宣传思想工作的意见[Z].中办发〔2014〕59号.

11. 关于进一步加强和改进大学生思想政治教育的意见[Z].中发〔2004〕16号.

12. 关于加强和改进新形势下高校思想政治工作的意见[Z].中发〔2016〕31号.

13. 全国大学生思想政治教育工作测评体系(试行)[Z].教思政〔2012〕2号.

14. 新时代高等学校思想政治理论课教师队伍建设规定[Z].教育部令〔2020〕46号.

15. 高校思想政治工作质量提升工程实施纲要[Z].教党〔2017〕62号.

16. 普通高等学校辅导员培训规划(2013—2017年)[Z].教党〔2013〕9号.

后 记

高校辅导员是开展大学生思想政治教育的骨干力量,是大学生日常思想政治教育和管理工作的组织者、指导者和实施者。辅导员队伍建设关系着大学生思想政治教育的质量,关系着人才培养的质量,关系着高等教育的质量。推动新时代辅导员队伍建设的科学化与规范化,实现辅导员专业化、职业化发展,进而提升高等学校思想政治教育水平,是从国家层面到各高等院校普遍关注的问题。因此,在新形势下,开展旨在促进高校辅导员职业发展和专业成长的相关研究,并不断完善其保障机制,具有十分重要的意义。

党的十八大以来,以习近平总书记为核心的党中央高度重视高校思想政治工作。教育部对高校辅导员队伍建设进行了一系列政策规划。本书深入贯彻党的教育方针,立足于新时代高校辅导员的专业化、职业化发展,一方面,围绕习近平总书记关于思想政治工作的一系列重要讲话精神,中央关于思想政治工作的大政方针、政策举措等,对高校辅导员的发展之魂进行分析论述;另一方面,基于高校辅导员专业化、职业化发展的理论和实践,围绕高校辅导员素质能力提升的发展之基、专业化的发展之核、职业化的发展之向、科学考评的发展之效,对促进高校辅导员专业化、职业化发展实践创新的一系列重要问题进行理论和实践研究,探索新时代高校辅导员专业化、职业化发展的路径。

《知行明德:新时代高校辅导员的发展之道》是经过数次沟通研讨、智慧碰撞的结晶,部分内容曾刊载于《国家教育行政学院学报》《江苏高教》《黑龙江高教研究》《学校党建与思想教育》等国家级重要刊物。衷心希望本书对推动我国高校辅导员专业化、职业化发展研究与实践进程能有所裨益。

本书在撰稿过程中得到了董秀娜副教授、王殿振老师的帮助，许孝芳副教授参与了本书的撰写，管叶峰老师参与了部分章节的撰写，此外还得到领导的鼓励、同事的协助和同行学者的大力支持。大家的无私帮助与辛勤付出我们铭记在心，在此表示衷心的感谢！

本书是一部探索性的著作，敬请同行专家、学者及广大读者批评指正。